SOUVENIRS

DE SAINTE-HÉLÈNE

PAR LA

COMTESSE DE MONTHOLON

1815--1816

SOUVENIRS

DE SAINTE-HÉLÈNE

PAR LA

COMTESSE DE MONTHOLON

1815—1816

PUBLIÉS SOUS LES AUSPICES DU

Vicomte DU COUËDIC DE KERGOUALER

SON PETIT-FILS

PAR LE COMTE FLEURY

Ouvrage orné de seize gravures

PARIS

ÉMILE PAUL, ÉDITEUR

100, Faubourg-Saint-Honoré, 100

1901

EN VENTE A LA MÊME LIBRAIRIE :

P. FROMAGEOT. — **La Chevalière d'Eon à Versailles.** Prix. . . . . 1 fr. 50

MARCEL DE BAILLEHACHE. — **Trente ans de République,** in-8°. Prix. . . . . 1 franc

Souvenirs militaires de Dolsy de Villargennes, publiés par M. G. BERTIN. Un vol. in-8°. Prix. . . . . . . 1 fr. 50

Souvenirs du duc de Gramont, 1848-1850, publiés par le duc DE LESPARRE, in-8°. Prix . . . . 1 fr. 50

GARSOU. — **Evolution napoléonienne de Victor Hugo sous la Restauration,** in-8°. Prix. . . . . 1 fr. 50

L.-G. PÉLISSIER. — **La Jeunesse du marquis d'Antonelle,** in-8°. Prix . . . . 1 fr. 50

L'Actualité historique illustrée : *le Duc de Reichstadt; la Comédie-Française.* Un vol. in-8°. Prix. . . . . 3 fr. 50

Souvenirs sur le Théâtre-Français (1833-1837), par JOUSLIN DE LA SALLE, annotés et publiés par M. G. MONVAL et le comte FLEURY. Un vol. in-8°. Prix . . . . 5 francs

W.-T. WOLFE TONE. — **Récits de mes Souvenirs et Campagnes dans l'Armée française,** publiés par M. le comte DE DIESBACH. Un vol. in-8°. Prix. . . . . 3 francs

BELLOT DE KERGORRE. — **Journal** *d'un Commissaire des Guerres pendant le premier Empire,* publié par M. le vicomte DE GROUCHY. Un vol. in-8°. Prix . . . . 10 francs

Nouvelles à la main de la fin du XVIIIe siècle, publiées d'après le manuscrit appartenant à M. ANISSON DU PERRON. Un vol. in-8°. Prix.. . . . . 5 francs

GUILLOIS (A.). — **Le Duc d'Aumale.** Prix . . . . 1 franc

SPYRIDON PAPPAS. — **Le Directoire et les Grecs.** 0 fr. 50

N. B. — *Tous ces ouvrages ont été tirés à petit nombre.*

L'ANNUAIRE DE LA LÉGION D'HONNEUR

Titre civil. — Publiant pour la première fois la liste complète des quatorze mille légionnaires civils français.

Titre étranger. — Une seconde partie est consacrée aux dix mille étrangers membres de cet ordre.

Les deux parties de cet ouvrage donnent par ordre alphabétique : *le grade, le nom, les prénoms et la qualité inscrits au décret de nomination* (sans commentaire ni réclame d'aucun genre). EMILE PAUL. éditeur.

Le Carnet historique et littéraire, revue mensuelle, 4e année. Directeur : Comte FLEURY. — Abonnements : France, **22** francs; Etranger, **25** francs. Bureaux : 12, rue Eblé.

OUVRAGES DU COMTE FLEURY :

Carrier à Nantes. — Librairie Plon, 1897, 7 fr. 50 c., épuisé. Deuxième édition, 1901, in-12. 4 francs.

Louis XV intime et les Petites Maîtresses. — Deuxième édition. . . . . 6 francs.

Les Grandes Dames pendant la Révolution et sous l'Empire. — Vivien, 1900, in-8°. 5 francs.

PUBLICATIONS

Souvenirs de Jouslin de la Salle sur le Théâtre-Français. — Emile Paul, 1899 . . . . 5 francs.

Souvenirs du colonel Biot. — Vivien, 1901, in-8°. . . . . 7 fr. 50 c.

Souvenirs du comte de La Garde-Chambonas sur le Congrès de Vienne. — Vivien, 1901, in-8°. . . . . 7 fr. 50 c.

LE CARNET HISTORIQUE ET LITTÉRAIRE, 4e année.
Bureaux : 12, rue Eblé, Paris.

COMTESSE DE MONTHOLON

D'après une miniature de MILLIET (1824).

SOUVENIRS

DE SAINTE-HÉLÈNE

PAR LA

COMTESSE DE MONTHOLON

1815—1816

PUBLIÉS SOUS LES AUSPICES DU

Vicomte DU COUËDIC DE KERGOUALER

SON PETIT-FILS

PAR LE COMTE FLEURY

Ouvrage orné de seize gravures

PARIS

ÉMILE PAUL, ÉDITEUR

100, Faubourg-Saint-Honoré, 100

1901

AVERTISSEMENT DE L'AUTEUR

Je puis dire que les détails de mon séjour à Sainte-Hélène me sont aussi présents qu'au lendemain de mon retour. Aucun événement, aucune conversation, ni même aucun mot marquant de l'Empereur ne s'est effacé de ma mémoire.

Cela me suffisait, et mes notes éparses, n'étant destinées qu'à mes enfants, devaient rester en portefeuille. Certaines circonstances m'ont déterminée à en extraire quelques pages et à les faire imprimer dans l'intérêt de la vérité (1).

Je sais que l'on ne peut que glaner après la publication du *Mémorial* de M. de Las-Cases et celle du journal si véridique du docteur O'Meara, et je crains que le tableau sommaire que je retrace ne soit pas assez intéressant, d'autant plus que je me bor-

(1) Cette publication n'eut pas lieu. — Du C.

nerai, quant à présent, à ne choisir dans mes notes que ce qui se rapporte exclusivement à la vie d'intérieur de l'Empereur. J'espère néanmoins que, tel quel, mon modeste opuscule ne sera pas inutile et qu'il contribuera à rectifier de faux jugements.

Obligée de me mettre en scène, puisque je n'interviens qu'à titre de témoin, je le ferai aussi sobrement que possible. Les menus détails qui me sont personnels m'ont paru indispensables pour peindre notre situation à Longwood, la vie que nous y menions, et offrir par là aux lecteurs, s'il y en a, une garantie d'authenticité.

VASSAL MONTHOLON (1).

Paris, mai 1840.

---

(1) *Albine*-Hélène de Vassal, fille de Jean-*André* de Vassal, chevalier, seigneur de Nesles, de la Fortelle, etc., receveur général des finances et trésorier des fortifications du Languedoc, du Roussillon et du comté de Foix (+ 1795), et d'Anne du Pas de Beaulieu, son épouse (+ 1812). Mme de Montholon était née à Paris vers 1780. Nous ne pouvons préciser la date, parce que l'acte de baptême, brûlé lors de l'incendie de l'Hôtel de Ville, en 1871, n'a pas été reconstitué.

Depuis son retour à Paris, sous la Restauration, elle ne porta plus, dans le monde, que le titre de *marquise*; mais nous avons cru devoir lui attribuer ici celui de *comtesse* de Montholon, qu'elle portait à Sainte-Hélène.

AVANT-PROPOS DE L'AUTEUR

La bataille de Waterloo était perdue. Cette lutte suprême avait décidé du sort de l'Empereur.

Si ses armes avaient triomphé, cette victoire, précédée de son retour magique de l'île d'Elbe, l'aurait élevé plus haut qu'il n'avait jamais été ; mais, avec les Français surtout, il faut le succès.

Vainqueur en tant de batailles, Napoléon vaincu perdait son prestige. Son retour de l'île d'Elbe n'était plus qu'un coup de tête ; lui garder fidélité était taxé de folie ; se débarrasser de lui, au plus vite, fut le cri des partis qui, longtemps comprimés, trouvaient enfin jour à relever la tête. Ce fut aussi celui de beaucoup d'hommes qui lui devaient tout.

Waterloo n'eût peut-être pas tranché la question en faveur des Bourbons, si l'Empereur eût trouvé dans les Chambres l'appui que la gloire des quinze années de son règne lui donnait le droit d'espérer.

Etonné de l'abandon des représentants de la nation, il prit le parti d'abdiquer en faveur de son fils.

Il aurait pu, sans doute, faire un second 18 Brumaire en se rendant maître de quelques députés ; il pouvait aussi se retirer derrière la Loire avec les débris de sa vaillante armée ; mais il pouvait en résulter la guerre civile, et il crut devoir sacrifier son intérêt personnel à celui de la France, ainsi qu'il l'avait fait au traité de Châtillon. Du moment qu'il avait abdiqué, sa ruine entière était inévitable.

NAPOLÉON (vers 1815).

I

Après Waterloo.

De retour à l'Elysée, Napoléon vit se réunir autour de lui ceux de ses dévoués qui étaient à sa portée. Le général Montholon avait un double motif de s'y rendre : il était aide de camp et, d'ailleurs, connu de l'Empereur depuis son enfance, par la liaison qui avait existé, dès 1792, entre la famille Bonaparte et la sienne. L'Empereur devait donc s'attendre à le voir parmi les fidèles qui lui restaient.

Dans ces graves circonstances, les besoins du moment détournaient de leur service ordinaire les officiers de la Maison de l'Empereur. Les uns allaient siéger aux Chambres, où, à défaut de leur épée, leur voix pouvait encore défendre leur maître; d'autres n'étaient pas revenus de l'armée.

Puis l'isolement, précurseur des catastrophes royales, commençait à se faire sentir. L'Elysée devenait chaque jour plus désert. Le général

Montholon se trouvait obligé de faire non seulement son service, mais celui des absents.

L'Empereur, debout la nuit, suivant sa coutume, s'aperçut que c'était toujours le même qui se présentait pour recevoir et transmettre les ordres.

Mais avant d'aller plus loin, je dois dire un mot des anciennes relations de la famille Bonaparte avec celle de M. de Montholon.

Vers la fin de 1792, M. de Sémonville (1), nommé ambassadeur à Constantinople, s'étant embarqué à Toulon sur la frégate la *Junon*, mise à sa disposition par le Gouvernement, reçut l'ordre de se rendre en Corse, pour y attendre ses dernières instructions. Il y était arrivé lorsque l'escadre de l'amiral Truguet relâcha dans la rade d'Ajaccio, à la suite d'un coup de vent qui avait causé la perte de la frégate la *Perle* et celle du vaisseau de 74, le *Ven-*

(1) Charles-Louis Huguet de Montaran de Sémonville, depuis marquis de Sémonville (1759-1839), ancien conseiller au Parlement de Paris, qui fut en dernier lieu grand référendaire de la Chambre des Pairs, à dater de 1814, avait épousé la marquise douairière de Montholon, née Rostaing. M. de Sémonville n'ayant pas eu d'enfants, adopta ceux de sa femme qu'il avait élevés et qui devinremt ainsi, légalement, *Montholon-Sémonville.*

geur, qui échoua sur les bas-fonds de la rade d'Ajaccio.

A cette occasion, l'amiral Truguet pria M. de Sémonville de lui prêter la frégate la *Junon*, ce à quoi l'ambassadeur consentit.

Quelques jours après, cette frégate prit part à l'attaque de Cagliari et y fut démâtée, ce qui força M. de Sémonville à attendre, à Ajaccio, que le Gouvernement lui expédiât, de Toulon, une autre frégate, la *Cornélie*, qui n'arriva que six semaines après. Le jeune Charles de Montholon étant resté à bord, assista au bombardement de Cagliari, ce qui a fait écrire dans des biographies qu'il avait servi d'abord dans la marine; ce n'est pas exact.

Pendant ce séjour forcé en Corse, M. de Sémonville ne tarda pas à faire connaissance avec la famille Bonaparte qui lui fit les honneurs d'Ajaccio. Il était accompagné de Mme de Sémonville et de ses quatre enfants : deux fils et deux filles. Napoléon, capitaine d'artillerie, était alors en congé chez ses parents. Il se mit à la disposition de l'ambassadeur. Ses frères et sœurs étaient en rapport d'âge avec les enfants de Mme de Sémonville.

Les relations des deux familles devinrent bientôt intimes.

Les Sémonville acceptèrent des Bonaparte l'hospitalité à la campagne. Napoléon prit en amitié le jeune Charles de Montholon et lui donna des leçons de mathématiques. Il ne se doutait guère alors que cet enfant le suivrait un jour en exil !

Lucien Bonaparte n'ayant pas encore de destination, son frère Napoléon pria l'ambassadeur d'emmener ce jeune homme dans le but de lui ouvrir la carrière diplomatique.

M. de Sémonville y consentit avec empressement, mais les événements s'opposèrent à l'exécution de ce projet (1).

C'est tout cela, sans doute, qui a donné lieu d'imprimer, dans je ne sais quel ouvrage que nous avons lu à Longwood, que l'Empereur avait été aide de camp du père de M. de Montholon, ce qui est inexact (2).

---

(1) M. de Sémonville, nommé ambassadeur à Constantinople, fut arrêté en Lombardie par ordre du gouvernement autrichien et détenu à Kuefstein, en même temps qu'Hugues Maret, devenu depuis duc de Bassano. (Voir le *Carnet historique et littéraire* du 15 mars 1898.)

(2) Ce qui est vrai, c'est que Bonaparte débuta comme lieu-

On conçoit que plus tard, lorsqu'après les campagnes d'Italie Mme Bonaparte vint à Paris avec ses enfants, des relations commencées sous de tels auspices ne furent pas interrompues et devinrent encore plus intimes. Mme Leclerc (Pauline Bonaparte) passait sa vie chez Mme de Sémonville. Ses jeunes frères, Jérôme et Louis, ainsi qu'Eugène de Beauharnais, furent mis en pension chez M. Lemoine où était déjà Charles de Montholon. Les jeunes personnes, les jeunes gens ont conservé longtemps, de cette liaison d'enfance, l'habitude de se tutoyer.

Je reviens à l'Elysée.

L'Empereur vint une nuit appeler M. de Montholon, et l'ayant fait entrer dans sa chambre à

---

tenant dans le régiment d'artillerie de Grenoble que le comte de Rostaing (Philippe-Joseph), père de la marquise de Montholon, avait commandé avant de devenir officier général. Le comte de Rostaing fut employé plus tard à Auxonne en qualité de lieutenant général. Il fut arrêté sous la Terreur et mourut en prison. Il avait épousé Mlle Henriette de Lur-Saluces. On l'a souvent confondu avec son frère aîné, Louis-Charles, marquis de Rostaing, aussi lieutenant général, cordon-rouge, qui ne mourut qu'en 1796, ayant trente-quatre ans de grade, et encore avec un autre marquis de Rostaing (du Forez), qui fut député aux Etats généraux, en 1789. — Du C.

coucher, il lui dit : « *Mais, Montholon, vous êtes donc toujours là ?* » — « *Sire, il le faut bien ; tous vos officiers sont occupés par vos ordres.* » — « *Ah ! oui ! et, dans quelques jours, ce sera comme à Fontainebleau !* » Après une conversation analogue aux circonstances, et pendant laquelle l'Empereur put lire dans un cœur dévoué : « *Je vais partir*, ajouta-t-il. *Tout le monde m'abandonne, et vous, m'abandonnerez-vous aussi ?* » M. de Montholon, entraîné par un élan de cœur, lui répondit sans hésiter : « *Non, Sire.* » — « *Vous me suivrez donc ?* » — « *Oui, Sire.* » L'Empereur alors entra dans beaucoup de détails sur la position de M. de Montholon, s'informa de quelle fortune il pourrait avoir à attendre de M. de Sémonville, etc... Après ces explications, l'Empereur ajouta : « *J'emmène tel et tel, vous viendrez.* » Quelques questions de détail furent traitées et l'Empereur dit : « *Votre femme, si elle ne peut partir avec vous, viendra vous rejoindre en Angleterre.* » Le lendemain, M. de Montholon était inscrit sur la liste des partants et annoncé comme tel. Il vint alors me faire part de ce qui s'était passé, de la conversation qu'il avait eue et de l'engagement qu'il avait pris. Il était inquiet de ce que je penserais d'une résolution aussi grave, prise si promptement : « *Ce que vous avez fait est si bien*, lui dis-je en pleurant, *que je ne puis vous blâmer.* »

Du moment où il fut connu que M. de Montholon suivait l'Empereur, ce fut à qui lui ferait des représentations sur les conséquences de l'engagement qu'il venait de prendre. C'était, lui disait-on, une insigne folie. Il compromettait sa carrière, son existence politique..... Il risquait de perdre ce qu'il avait à espérer de ses parents..., etc. Enfin c'était à qui chercherait à le décourager. Rien n'ébranla sa résolution de lier son sort à celui de l'Empereur, et elle a persisté dans son cœur, sans une seconde d'hésitation, depuis ce jour jusqu'à celui où la mort l'a dégagé de sa fidélité.

Les événements se pressaient. Le lendemain du jour où il avait été décidé que M. de Montholon suivrait l'Empereur, on se rendait à Malmaison. Au moment du départ, mon mari me dit : « *Je ne puis me décider à vous laisser derrière moi dans un pareil moment.* » De mon côté, j'étais très affligée de cette séparation, inquiète de ne pas partir en même temps; je craignais des obstacles pour rejoindre et j'avais bien raison!

La grosse difficulté venait de mes enfants dont le plus jeune n'avait que huit mois; je ne pouvais l'emmener, sans parler de tous les arrangements que demande une pareille décision. « *Vous n'avez,* ajouta M. de Montholon, *que deux heures pour faire vos préparatifs; il est possible que l'on quitte la Malmaison dans la nuit. Ceux qui suivent doivent être là.* »

Ma sœur était absente (1). Je fus obligée de laisser mon enfant (2) et sa nourrice aux soins d'une amie. Je pris ce que pouvait contenir un coupé. J'emmenai mon fils aîné, mais aussi en bas âge (3), une femme de chambre et un fidèle domestique (4). On était en été, et comme on

---

(1) Yolande de Vassal, marquise de Monglas.

(2) *Charles*-Frédéric marquis de Montholon (1814-1886), admis à l'Ecole militaire de Saint-Cyr en 1832, puis entré dans la diplomatie, devint envoyé extraordinaire et ministre plénipotentiaire, grand-officier de la Légion d'honneur et sénateur de l'Empire.

(3) Tristan, qui fut tué en Afrique où il servait dans la cavalerie. — Du C.

(4) Ce domestique exemplaire, nommé Pierre Trépier, né en Savoie, mérite une mention spéciale. Entré au service de

pensait qu'on irait d'abord en Angleterre, enfant, nourrice, bagages, tout devait venir m'y rejoindre. Je ne pris donc que ce qu'il me fallait pour un court voyage et pas un vêtement d'hiver. Si j'avais pu prévoir que l'on restât aussi longtemps à Malmaison et surtout que l'on ne dût pas débarquer en Angleterre, je ne me serais pas trouvée plus tard manquant de tout ce qui pouvait m'être nécessaire dans un long voyage en mer.

M. de Montholon, en 1804, à l'âge de quinze ans, il devint plus tard ordonnance militaire de son maître, le suivit en campagne, se conduisit en brave, et mourut septuagénaire sans avoir jamais quitté la famille qu'il avait constamment servie avec une fidélité et un dévouement à toute épreuve. — Du C.

II

MALMAISON.

Arrivée à Malmaison, j'y trouvai tout occupé. Cependant on me donna une chambre. Mon fils couchait sur les coussins de la voiture, dont on lui fit un lit. Au déjeuner, j'étais assise en face du pauvre général Labédoyère. Sa figure noble et pâle, son front plissé, son air préoccupé, enfin toute sa physionomie empreinte de tristesse semblait, ce jour-là, présager sa fatale destinée.

La reine Hortense était comme toujours aimable, gracieuse et bienveillante. Elle allait continuellement dans l'appartement de l'Empereur, et dans un moment où elle venait de le voir, elle dit au peu de personnes qui se trouvaient là : « *Je ne comprends pas l'Empereur; au lieu de prendre un parti, de décider quelque chose pour son départ, il lit un roman.* » Je fus frappée de cette apparence d'insouciance et d'abandon de soi-même dans une aussi importante circonstance. Depuis, j'ai pu juger que lorsqu'il avait l'esprit tendu par quelque contrariété, c'était le moyen qu'il employait au moral, comme le bain au physique, pour calmer et détendre ses nerfs. La Reine était impatiente qu'il n'entendît à rien et ne se prêtât à aucune discussion relative à son départ et à l'imminence du danger qui le menaçait, s'il prolongeait son séjour à Malmaison. On venait à chaque instant nous dire que les Cosaques nous entouraient, que le pont était abattu, enfin que le château pouvait être envahi et l'Empereur enlevé, ce qui était vrai. La Reine désirait avec raison qu'il quittât Malmaison. Elle avait laissé ses enfants à Paris et voulait aussi les rejoindre, et rien ne se décidait, et l'Empereur de lire son roman!

Cette apparente incurie ne l'empêchait pas de s'occuper des intérêts personnels de ceux de ses officiers qui perdaient tout en le perdant. Des généraux, des officiers venaient lui demander d'assurer leur position. Aucun n'essuyait de refus, quelque fût le peu que l'on avait mis à l'abri.

On sait que ce n'est qu'au dernier moment que l'Empereur, ou plutôt ceux qui l'entouraient, pensèrent à ce que l'on emporterait

MONTHOLON

d'argent, d'argenterie, et qu'alors il ne se trouva déjà plus de disponible que les 6 millions qui étaient entre les mains de M. de la Bouillerie. Ils furent remis à M. Laffitte. On ne prit qu'un seul service d'argenterie, celui qui se trouvait sous la main.

Enfin, jamais on ne descendit d'une si haute position avec un plus parfait et plus noble oubli de soi-même; 200 millions dus à l'économie de l'Empereur, laissés dans les caves des Tuileries, avaient servi, l'année d'avant, à payer les alliés.

En attendant le départ et quelle que fût l'anxiété de la reine Hortense, le salon ne désemplissait pas de visites, inopportunes sans doute, mais qui prouvaient le dévouement, dernier hommage de fidélité. Le soir, au milieu d'un cercle de femmes, le général de Flahaut, aide de camp de l'Empereur, dit tout haut qu'il ne comprenait pas ce que l'on faisait là, excepté les personnes qui partaient; il ajoutait avec raison que l'on pouvait être attaqué dans la nuit. Cette sortie était louable en son but : elle eut son effet; beaucoup de personnes retournèrent à Paris. Le lendemain, dans la salle de billard, le même général me dit : « *Est-il vrai que vous partez?* » Sur ma réponse affirmative : « *Vous ne savez donc pas*, me dit-il, *que si un vaisseau anglais veut s'emparer de l'Empereur, vous risquez un combat et de sauter.* » — « *Eh bien! je sauterai,* » lui répondis-je. Mon parti était pris.

Au moment du départ, il m'aperçut dans une voiture. « *Comment*, me dit-il, *vous partez!* » Ce fut la dernière voix amie que j'entendis, à ce moment si solennel de notre départ de Malmaison !

III

La Vendée.

L'Empereur, pour se rendre à Rochefort, port désigné par le gouvernement provisoire pour l'embarquement, prit, pour passer incognito, une autre route que celle de ses voitures.

Il partit de Malmaison le 29 juin, à trois heures du soir.

Deux voitures avaient été disposées pour son départ, mais il préféra la calèche avec le général Bertrand, le duc de Rovigo, et le général Becker qui l'accompagnait par ordre du gouvernement provisoire.

Il couche à Rambouillet, en part le 30 à huit heures du matin.

Le lendemain, 1er juillet, il arrive à Niort à neuf heures du soir, loge à *la Boule-d'Or;* il y séjourne le 2 et loge à la préfecture, où il est accueilli toute la journée par les cris de : « Vive l'Empereur! »

Il en part le 3, à trois heures du matin, pour Rochefort où il arrive le 4.

Pendant le voyage de Malmaison à Rochefort, il était suivi de la seconde voiture fermée, dans laquelle était le général Gourgaud.

L'Empereur portait l'uniforme des chasseurs, une redingote bleue par-dessus et un chapeau rond.

Saint-Denis était sur le siège de la voiture où était le général Gourgaud. M. Marchand et (***) venaient ensuite dans une grande berline, avec le docteur, les effets de l'Empereur et le lavabo dont il se servit à Sainte-Hélène.

Deux berlines chargées des services d'argenterie et remplies des officiers qui suivaient partirent à dix heures du soir, sous la conduite du général Montholon. Je suivais dans la mienne.

Nous passâmes par Châteauroux, où je changeai de chevaux par un beau clair de lune.

La Vendée était soulevée.

A quelques lieues de Saintes, la nuit, à une heure du matin, je me trouvais en avant à quelque distance des deux voitures. — On avait exprès divisé le service pour ne pas prendre trop de chevaux à la fois. — Je ne dormais pas et je vis tout à coup un homme à cheval qui arrêtait le postillon et, au même moment, un pistolet était braqué sur ma portière. C'étaient des Vendéens qui, sachant qu'une des voitures que l'on attendait avait passé en dehors de la ville, croyaient faire grande prise en m'arrêtant. Ne voyant que deux femmes, ils furent un peu étonnés. Je les avais pris pour des voleurs et, voyant ce canon de pistolet dirigé vers moi, j'avais jeté mon enfant à mes pieds.

Passé ce premier moment de surprise, on en vint aux explications. Ils m'invitèrent à rebrousser chemin, ce que je refusai de faire; mais ils me dirent qu'un gendarme qui les suivait portait l'ordre de la municipalité de me ramener à Saintes. En effet, le gendarme arriva et me montra l'ordre. Je me soumis, non sans peine.

Les deux jeunes gens qui m'avaient arrêtée marchaient chacun à une portière. L'un était ancien officier; honteux de ce qu'il faisait, il s'en excusait; l'autre, un vrai chouan. Celui-ci voulait absolument que je fusse la princesse Borghèse, quelque chose que je disse pour l'en dissuader.

J'avais deux domestiques sur le siège, l'un

à moi, l'autre au général Gourgaud. Ils étaient armés, et je leur avais demandé comment il se faisait qu'ils n'eussent pas tiré, puisqu'ils avaient dû, comme moi, prendre ces messieurs pour des voleurs. Le chouan m'avait entendu faire cette question et me disait pendant le chemin qu'il fallait bien que je fusse la sœur de l'Empereur pour regretter que l'on n'eût pas tiré sur eux.

En entrant à Saintes, à l'auberge où l'on me conduisit, j'aperçus à travers une fenêtre le prince Joseph que l'on avait aussi arrêté.

En ce moment, j'entendis le bruit des deux voitures et des coups de pistolet. Je crus qu'on les tuait tous; mais je fus bientôt rassurée et nous nous trouvâmes réunis.

Toute la ville était aux fenêtres.

La municipalité intervint contre les fauteurs de nos arrestations; nous avions des passeports en règle du gouvernement provisoire et nous pûmes continuer notre route, heureux que les voitures n'eussent pas été pillées. Nous traversâmes la ville au milieu d'une foule immense, parmi laquelle je fus saluée par mon ex-officier.

IV

Rochefort.

J'arrivai à Rochefort bien fatiguée de deux nuits passées en voiture. Le lendemain, le grand maréchal me prévint que nous dînerions avec l'Empereur, à huit heures. J'avais attendu que mon mari vînt me chercher, pour aller à la préfecture où logeait l'Empereur. Il ne l'avait pu, et quand j'arrivai, on était à table. Je pris ma place qui était restée vide à la gauche de l'Empereur, Mme Bertrand était à droite.

J'avais à côté de moi le général Becker (1), nommé par le gouvernement provisoire pour accompagner l'Empereur jusqu'à l'embarquement. Les autres personnes étaient le prince Joseph, le grand maréchal, le général Gourgaud, M. de Las-Cases, M. de Montholon et le

---

(1) Bajert-Becker, comte de Mons, en disgrâce depuis 1809, député du Puy-de-Dôme en 1815, plus tard pair de France et grand-cordon de la Légion d'honneur, mort en 1840.

préfet maritime. Le général Lallemand rejoignit l'Empereur à Rochefort.

A peine assise : « *Vous avez été bien inquiétée dans la Vendée, Madame,* » fut le premier mot que me dit l'Empereur. Je l'ai d'autant mieux retenu que cette expression *inquiétée*, pour *tourmentée*, est une manière de parler du Midi, et j'ai eu depuis l'occasion de remarquer qu'il employait des locutions méridionales.

L'Empereur portait un frac marron. Je ne l'avais jamais vu qu'en uniforme. Cet habit, le lieu où nous étions me firent éprouver une impression qui ne s'effacera jamais. On parla de l'affaire de la Vendée. L'Empereur mangeait et parlait peu, sa parole était brève et coupée. Après le dîner, on passa dans le salon qui donnait sur une terrasse. L'Empereur y emmena son frère, puis ces messieurs. Pendant ce temps, je causai avec Mme Bertrand ; la promenade sur la terrasse s'étant prolongée, Mme Bertrand me proposa de nous retirer, puisque l'Empereur ne revenait pas. J'y consentis et nous partîmes.

Ce qu'il y a de singulier, c'est que l'Empereur, à qui rien n'échappait, m'a parlé depuis de notre disparition, me disant qu'il voulait causer avec nous et qu'il avait été étonné et contrarié de ne plus nous trouver. C'était en effet manquer à l'étiquette; jamais on ne quittait le salon qu'il ne se fût retiré. Peut-être, en ce moment, l'avait-il doublement remarqué.

M. de Montholon était toute la journée à la préfecture, je ne le voyais pas; on s'attendait à chaque instant à s'embarquer. On se demandait: Est-ce ce soir, est-ce demain? A peine osait-on se coucher. Les personnes qui se trouvaient à Rochefort étaient : le grand maréchal comte Bertrand, la comtesse Bertrand et leurs enfants: Napoléon, Henry et Hortense;

Le duc de Rovigo;

Le général baron Lallemand, aide de camp;

Le général comte de Montholon, la comtesse de Montholon et leur fils Tristan ;

Le général baron Gourgaud;

Le comte de Las-Cases, chambellan de l'Empereur; le jeune Las-Cases, page; le jeune ***, parent de l'impératrice Joséphine;

M. de Planat, officier d'ordonnance;

M. de Résigny, d°

Deux officiers polonais qui avaient été à l'île

d'Elbe : MM. Plontowski et Schoutty; M. Merchaire, capitaine; M. Marchand;

Le lieutenant Rivière, qui avait servi sous les ordres de M. de Montholon;

M. Deschamps, fourrier du palais; M. Huro, médecin;

Cipriani (Corse), maître d'hôtel; Pierron, chef d'office;

Saint-Denis, chasseur de l'Empereur;

Noverras, d°

Lepage, cuisinier; Gentilini (Lucquois), valet de pied;

Les deux Archambault, piqueurs;

Deux courriers;

M. Bertrand avait un domestique et une femme de chambre;

Mme de Montholon, Pierre, son domestique, Joséphine, sa femme de chambre;

Le général Gourgaud, un domestique.

Pendant la journée du 7 qui précéda l'embarquement, M. Renault, aide de camp du préfet maritime, nous fit voir les établissements du port. Rochefort me parut un assez triste séjour. Enfin on nous prévint que l'on allait s'embarquer.

Le 8 juillet, au matin, M. Renault vint me chercher pour me conduire à l'embarcation. Mon mari avait suivi l'Empereur qui était déjà en mer. Mme Bertrand était dans un autre canot, et M. Renault me disait, en me guidant au rivage assez loin de la ville, que la chaloupe sur laquelle j'allais m'embarquer était très mauvaise et me parlait de manière à m'inquiéter sur le trajet qui n'était pas long. Les frégates étaient en vue. A peine en mer, nous nous mîmes à rire en vrais Français. L'embarcation était réellement en mauvais état et, faisant allusion à une situation analogue des officiers et dames de la cour de Pierre III, nous nous disions : « C'est à nous aussi à chanter : *Qu'allions-nous faire dans cette galère?* » Il n'y avait pas dix minutes que j'étais sur le bateau que le mal de mer me prit, mal irrésistible pour moi et bien violent; mais j'arrivai peu après à bord et les frégates étant à l'ancre, je fus bientôt remise.

V

La « Saale » et la « Méduse ».

L'Empereur était déjà sur la *Saale*, capitaine Philibert; le général Montholon, moi et partie des officiers et gens, sur la *Méduse*, commandée par le capitaine Ponet, digne et brave homme. Si l'on n'eût écouté que son dévouement, il n'y aurait peut-être pas eu de captivité à Sainte-Hélène! Le bon capitaine eut pour moi les attentions des marins. L'habitude des privations et du commandement absolu devrait leur endurcir le cœur; mais, s'ils sont en général un peu brusques dans leurs manières, ils sont francs et bons; la solitude en présence des œuvres de Dieu est toujours bonne à l'homme : elle fortifie l'âme; le ciel et l'eau, les dangers, les tempêtes ne peuvent inspirer que de nobles pensées.

Le capitaine Philibert était très pâle et avait l'air profondément inquiet. Il s'agissait d'éviter la croisière anglaise qui se composait de onze vaisseaux en vue de Rochefort; mais le capitaine

Philibert avait l'ordre secret de ne pas appareiller. Le duc de Rovigo dit dans ses *Mémoires* que le duc de Vicence, qui faisait partie du gouvernement provisoire, et le général Becker avaient connaissance de cet ordre et ne l'avaient pas communiqué à l'Empereur.

Une nuit, le capitaine Ponet nous dit : « *Le vent est bon, qui empêche qu'on ne mette à la voile? Si les Anglais attaquent, je soutiendrai le combat, et pendant ce temps la* Saale *passera.* » Je me voyais déjà à fond de cale, et s'il en eût été ainsi et que je fusse restée sur la *Méduse*, il est vraisemblable que la prédiction du général de Flahaut se serait vérifiée. La nuit se passa avec vent favorable et point d'ordre de départ. Le pauvre capitaine jurait comme un marin et piétinait de colère. Pour lui et nous, tout était compris. Il fit dire à l'Empereur par le général Montholon que, s'il voulait venir à son bord, il avait l'espoir de franchir la croisière; que sa frégate roulait comme une *barique* (ce fut son expression), ou bien que la *Saale* essayât de passer et que pendant ce temps la *Méduse* livrerait combat. On aurait bien pu forcer le capitaine Philibert à appareiller; mais on prit un autre parti.

J'ai bien souvent pensé à cette *Méduse* qui, depuis, a fait naufrage sous les ordres du successeur du capitaine Ponet. Il savait déjà, ce bon capitaine, qu'il ne garderait pas son commandement et nous désignait dès lors pour son successeur M. de Chaumareyx, celui qui allait le remplacer; ces officiers du bord avec qui nous dînions ou causions ont péri, l'équipage presque tout entier (1).

Le 9, l'Empereur descendit à terre pour visiter l'île d'Aix; il fut accueilli avec transport par les élèves de la marine. Le 10, les officiers de la garnison de la Rochelle vinrent faire leurs adieux à l'Empereur. Quels adieux! C'étaient les dernières marques de dévouement et de regret des Français fidèles!

Le 12, on vint nous dire que l'Empereur débarquait à l'île d'Aix; nous l'y suivîmes immédiatement. Il n'était pas encore décidé sur le parti à prendre pour éviter la flotte anglaise et passer en Amérique.

---

(1) Duroys de Chaumareyx fit naufrage avec la *Méduse* sur le banc d'Arguin, en 1816. Ce naufrage est tristement célèbre.

VI

L'Ile d'Aix.

Pendant le séjour à l'île d'Aix, le général Lallemand revint de l'embouchure de la Gironde où il s'était rendu le 12. Il y avait conféré avec le capitaine Baudin (1) qui commandait la corvette la *Bayadère*. Ce capitaine offrait de conduire l'Empereur en Amérique et en répondait. Des bâtiments américains firent faire la même proposition. L'Empereur hésita, le prince Joseph accepta et passa sur un bâtiment américain. Les enseignes de l'Ecole de l'île d'Aix se chargeaient de transporter l'Empereur dans une chaloupe qu'ils auraient manœuvrée eux-mêmes.

---

(1) Baudin était alors capitaine de vaisseau. Il quitta la marine après le départ de Napoléon, fonda au Havre une maison de commerce. Après la révolution de 1830, il reprit du service et, comme contre-amiral, commanda le bombardement de Saint-Jean-d'Ulloa (1838). Vice-amiral en 1840, préfet maritime de Toulon jusqu'en 1847, Baudin reçut le bâton d'amiral de France en 1854, peu de jours avant sa mort. Du C.

C'était faisable et ce que l'on pouvait faire de mieux. Mais je ne sais quel malin génie présidait aux décisions; on n'était qu'hésitation et chaque moment rendait tout parti plus inexécutable. Il fut question de se mettre sur un chasse-marée danois qu'offrait le lieutenant Besson; ce bâtiment appartenait à son beau-frère. L'Empereur devait se rendre à la pointe des Sables pour s'y embarquer. Il avait désigné dans la nuit les personnes qui devaient l'accompagner. On devait aller en Amérique. Le voyage était long; c'était un peu sévère. Les hommes seuls pouvaient y aller. Mon mari, cependant, consentit à m'emmener. Je demandai à Mme Bertrand de prendre mon fils avec elle; elle me le promis et je fus toute une nuit habillée en homme, prête à m'embarquer. Une fois à bord du chasse-marée, il aurait bien fallu que l'on me gardât. M. de Résigny, qui logeait avec nous, rit beaucoup de mon costume. Je n'avais pu m'affubler que d'une pelisse, d'un pantalon de hussard, ancien uniforme de mon mari. La veille, Mme Bertrand m'avait demandé de l'essayer, — nous logions dans la même maison, elle au premier et moi au rez-de-chaussée; — avec sa belle et haute

BERTRAND.

taille, il lui allait à merveille. Le même jour, le duc de Rovigo entra chez moi comme je me trouvais avec Mme Bertrand. On parla des différents partis à prendre. Se rendre aux Anglais en était un.

Mme Bertrand, Anglaise par son père, nièce de lord Dillon, élevée en Angleterre, penchait pour qu'on s'arrêtât à ce projet. « Et vous, Madame de Montholon, me dit le duc, qu'est-ce que vous en pensez? Comment croyez-vous qu'ils nous traiteront? » J'étais sans doute inspirée quand je lui répondis : « On commencera par des révérences et on finira par des verroux. » Hélas! nous n'avons même pas eu les révérences!

Pendant les trois jours que l'on resta à l'île d'Aix, nous déjeunions et dînions dans la maison occupée par l'Empereur; nous, c'est-à-dire les généraux, officiers d'ordonnance, M. de Las-Cases, Mme Bertrand et moi. Les officiers, médecin, fourrier, etc., dînaient à une autre table. L'Empereur ne paraissait point, il mangeait chez lui; le service d'aide de camp auprès de sa personne alternait entre les généraux et à peine voyais-je mon mari. Il fallait donc se tirer d'affaire comme on pouvait ; on passait le temps à ouvrir et à fermer ses malles.

La première fois que je me rendis au déjeuner, je ne savais pas le chemin. On m'avait mal indiqué la salle à manger qui était au rez-de-chaussée et je montai au premier. J'ouvre une porte et je vois l'Empereur en robe de chambre. Je referme vite la porte et m'enfuis toute confuse de mon étourderie. Au milieu de l'hésitation et de tout l'embarras d'une telle position avec une suite assez nombreuse, c'était merveille que l'on s'y reconnût ; mais tout marchait encore d'après les habitudes de subordination et de précision du palais impérial, organisation modèle sous toute espèce de rapports et surtout sous celui de l'économie unie à toute la grandeur désirable. Dix fois par jour, ordre et contre-ordre résultaient des circonstances et s'exécutaient sans murmure et de manière à ce que tout fût prêt à la minute. Mais aussi, quelle abnégation de soi-même pour bien faire son service ! Mon mari n'avait que le temps de me dire à la hâte : « Tenez-vous prête pour telle heure. » Enfin on se décida à envoyer le duc de Rovigo et le comte de Las-Cases à bord du *Bel-*

lérophon pour savoir du capitaine Maitland s'il recevrait l'Empereur à son bord librement. La réponse du capitaine Maitland fut que : « *Rien dans ses instructions ne prévoyait la démarche qui était faite auprès de lui; mais qu'il prendrait sur lui de recevoir à son bord l'Empereur et sa suite et de le transporter dans une rade d'Angleterre.* »

Ici s'éleva une question très grave. Le duc de Rovigo et M. de Las-Cases dirent à l'Empereur que le capitaine Maitland avait ajouté : « *Et qu'il répondait sur l'honneur que, si l'hospitalité britannique était refusée à l'Empereur, Sa Majesté serait en toute liberté d'aller où elle voudrait.* »

Le capitaine Maitland (1) a au contraire déclaré, dans une publication à ce sujet, qu'il

---

(1) Maitland est le nom de famille des Lauderdal, maison noble et illustre d'Ecosse. (N. de l'A.) — Sir Frederic Lewis Maitland, né à Rankeillour, en 1779, mort devant Bombay en 1839, commandait le *Bellérophon* en 1815, lorsque Napoléon arriva à Rochefort et lui demanda de le conduire en Amérique, ce que Maitland refusa. On a de lui : *Relation concernant l'embarquement et le séjour de l'empereur Napoléon à bord du vaisseau le* Bellérophon, traduit en français par Parisot (Paris, 1826).

n'avait pas ajouté un mot à la réponse que j'ai d'abord rapportée. Il ne semble pas qu'il ait pris aucun engagement à cet égard; mais il est vrai qu'il a hautement exprimé « *sa conviction que le gouvernement anglais ne violerait pas les droits sacrés de l'hospitalité et que les violer serait une forfaiture que l'honneur anglais repousserait avec indignation* ».

L'Empereur convoqua en conseil les officiers généraux de sa suite, ainsi que M. de Las-Cases. Il posa la question de savoir : « *S'il convenait dans l'état des choses de se confier au gouvernement anglais; de tenter de vive force, avec la* Saale *et la* Méduse, *le passage au travers de l'escadre anglaise, ou de s'embarquer en secret à bord du chasse-marée danois, lui seul et un de ses officiers, pour courir les chances si périlleuses d'une navigation de deux mille lieues dans une telle embarcation.* »

A la suite du conseil, dans lequel chacun donna son avis, l'Empereur se décida à se confier à la « *générosité britannique* ».

Le général Lallemand et le général Montholon se prononcèrent contre ce parti : l'Empereur, étonné de cette dissidence, leur ordonna de développer les motifs et entama une discussion qui fut longue et animée.

Cette discussion, dans laquelle M. de Montholon avait soutenu son opinion, a été bien souvent l'objet des entretiens de Sainte-Hélène et elle fut une des causes qui donnèrent à mon mari une si grande part dans la confiance que l'Empereur eut depuis en son jugement et en la portée de son esprit. L'Empereur lui a souvent répété : « *Cela m'a beaucoup frappé.* »

Le 14, le général Gourgaud fut envoyé en Angleterre avec une lettre de l'Empereur au prince-régent. On connaît les termes de cette lettre; saisi par l'idée grandiose de demander l'hospitalité à ses ennemis, l'Empereur écrivait : « *Comme Thémistocle, je viens m'asseoir au foyer britannique*, etc. » Cette lettre a été blâmée et je n'en sais aucune bonne raison.

VII

Le brick l' « Epervier ».

Pendant ces trois jours d'indécision, le Gouvernement avait changé la destination du capitaine Baudin; le parti du chasse-marée était périlleux et chanceux; le Gouvernement provisoire, qui voyait avec inquiétude l'Empereur en terre de France et si près, le pressait de quitter l'île d'Aix. Il n'y avait plus guère alors d'autre parti à prendre que celui de se rendre à bord du *Bellérophon*.

Le 15 juillet, de grand matin, l'Empereur s'embarqua sur le brick français l'*Epervier* qui devait l'y conduire.

Rien ne peut rendre la stupeur, le profond découragement qui se lisait sur les visages : l'Empereur se livrait aux Anglais! Aux Anglais, ses ennemis, toujours ennemis avoués ou cachés de la France! Cette pensée était écrite sur le front du matelot comme sur celui de l'officier. Nous qui le suivions, nous étions

3.

moins malheureux, et cependant, j'avais le cœur bien serré !

Lorsque je montai à bord, l'Empereur était déjà assis sur le pont. On m'apporta une chaise et je me trouvai à côté de lui ; il était calme, froid et pensif. Au bout de quelques minutes d'un silence solennel, il me dit en passant la main sur la manche de son habit : « *Est-ce vert ou bleu?* » — On sait que l'Empereur avait de la peine à distinguer les couleurs. — Je fus si étonnée de cette question, que je tardais à répondre, croyant avoir mal entendu. Il me répéta doucement et à voix demi-basse la même question. « *Vert*, Sire, » répondis-je. Il reprit encore comme pour bien s'en assurer : « *Vert?* — *Oui, Sire, vert.* » Il était en frac et tenait sans doute à être vêtu de la couleur de l'uniforme qu'il portait toujours, celui des chasseurs de la Garde impériale... On apporta du café pur, il en prit.

L'embarquement terminé, on fit voile ; le *Bellérophon* était en vue. Bientôt la chaloupe de ce vaisseau, montée par le 1er lieutenant, fut envoyée pour nous transborder. Le lieutenant monta sur le pont de l'*Epervier* et fit en anglais le discours obligé. Cet habit de la marine anglaise, cet Anglais qui ne disait pas un mot de français, cette chaloupe ramée par des matelots anglais, enfin cette séparation matérielle, positive, d'avec la France, tout cela me fit éprouver quelque chose de si amer, que j'en ressens encore aujourd'hui l'impression aussi vive que dans le moment même.

L'Empereur descendit dans la chaloupe, s'y assit. Nous l'y suivîmes; non pas toute la suite, mais les généraux, M. de Las-Cases, Mme Bertrand, moi et nos enfants. Les officiers et le reste de sa suite furent transportés à part. L'équipage de l'*Epervier* était consterné; il semblait que nous fussions devenus muets... Scène solennelle, qui n'eut point la terre pour témoin, mais le ciel, la mer... et nos cœurs amis pour en garder le souvenir!

VIII

Le « Bellérophon ».

Arrivé à bord du *Bellérophon* le jour même où le Roi faisait son entrée dans Paris (1), l'Empereur fut reçu avec des formes convenables par le capitaine Maitland. Celui-ci l'introduisit dans la chambre qui lui était destinée ; c'était celle du capitaine. On était fort gêné et l'on me fit une chambre sur le pont. L'ancre fut bientôt levée et nous fîmes voile pour les Sables où se trouvait l'amiral Holcham qui commandait la croisière et montait le *Superbe*.

Cet amiral se rendit immédiatement à bord du *Bellérophon* et mit une grande réserve dans les réponses qu'il fit aux questions de l'Empereur, qui, dès ce moment, conçut des inquiétudes que les événements n'ont que trop justifiées. Cependant l'amiral affecta de lui rendre tous les honneurs souverains, ce dont il fut très sévèrement blâmé depuis par son gouvernement.

---

(1) 15 juillet 1815.

L'Empereur accepta un déjeuner à bord du *Superbe*; nous y fûmes tous invités; le vaisseau était pavoisé, les matelots habillés de blanc, avec leurs longues ceintures, couvraient toutes les vergues. C'est un beau spectacle, surtout en pleine mer. On connaît la tenue des vaisseaux anglais; en cela, le *Superbe* ne le cédait à aucun.

L'Empereur visita depuis le pont jusqu'à fond de cale; nous le suivions. On ne pouvait assez applaudir à l'ensemble et aux détails qui prouvaient à chaque pas l'ordre et la discipline qui régnaient sur ce beau vaisseau. Les nôtres, maintenant, ne le cèdent plus sous ce rapport à la marine anglaise; au surplus, on peut atteindre, mais on ne saurait surpasser l'ordre, le silence, la discipline des équipages, ni la tenue personnelle des officiers anglais. Je reviendrai sur ce sujet.

Le déjeuner était fort beau, très bien servi. La chambre de poupe qui faisait le salon de l'amiral était bien meublée. Une table était couverte d'instruments de marine, de cartes, d'albums, de montres, qui occupèrent l'Empereur. Il fut content de l'amiral sous tous les rapports. Cet amiral a de bonnes formes et une physionomie heureuse. En général, je n'ai rien trouvé dans les officiers de la marine anglaise qui justifiât le nom que leur donnait le roi George IV : il les appelait des *loups de mer*. Je les ai trouvés francs, simples, bons et remplis d'attentions délicates, depuis leur *drog* qu'ils vous font prendre contre le mal de mer, jusqu'à la discrétion et l'obligeance qu'exigeait notre position. Le capitaine Maitland a fait preuve de loyauté dans sa conduite envers l'Empereur. Ce n'est pas sa faute si ce terrible cabinet de lord Bathurst n'a pas cru devoir suivre son exemple et s'honorer à jamais par une conduite noble et généreuse, à la hauteur de la position où se trouvait alors l'Angleterre vis-à-vis de ses alliés. L'Empereur, en Angleterre, vivant dans un château, leur eût procuré sur les affaires du continent une prééminence que ne pouvait qu'affaiblir la distance de Sainte-Hélène à la Tamise. Il y avait de la haine, non dans le peuple anglais, ni même dans toute la haute aristocratie, mais dans une partie seulement et dans quelques membres du cabinet, ainsi que le prouvera notre apparition à Plymouth. A deux heures et demie, nous étions de retour du *Superbe* sur le

Bellérophon et l'on mit immédiatement à la voile pour Torbay.

Je souffrais beaucoup du mal de mer; cependant, après quelques jours, je pus paraître au dîner. L'Empereur ne souffrait pas, il avait seulement un peu mal à la tête; mais il pouvait lire et s'occuper. Il déjeunait seul et passait une partie de la matinée à causer successivement avec les officiers généraux et M. de Las-Cases. Vers une heure, il s'habillait et venait sur le pont. Il s'y promenait en causant avec le capitaine qui parlait français, le docteur O'Meara et les officiers du bord. Sa tenue était la même qu'aux Tuileries : son uniforme de chasseur, bas de soie, souliers à boucle. Je ne sais quelle idée les libelles avaient donnée de sa personne aux Anglais, mais tous étaient frappés de la régularité de ses traits et du caractère de simplicité, de noblesse et de bonté qui régnait dans toutes ses manières. Ils appréciaient l'agrément de son regard et de son sourire.

L'Empereur s'amusait beaucoup des jeux de nos enfants et en riait. Il est impossible d'avoir le rire plus vrai, ce qui est un signe caractéristique de bonté. Pour passer le temps du déjeuner au dîner, on jouait à un jeu qui pût occuper tout le monde : le *Macao*, le vingt et un. On s'asseyait autour de la table de la salle à manger qui nous servait de salon. La conversation s'établissait, et l'Empereur était là aimable et en parfaite liberté d'esprit. Il aimait à taquiner. Un jour, entre autres, il tourmentait le duc de Rovigo sur sa fortune qu'il disait devoir être considérable. Le duc soutenait le contraire et s'impatientait de l'insistance de l'Empereur, et nous de rire du débat. Une grande aisance de conversation était établie et chacun était parfaitement à l'aise.

A dîner, la présence des officiers anglais imposait plus de réserve ; mais la conversation n'en était pas moins animée, et les questions que faisait l'Empereur, tant sur la marine que sur d'autres objets, étaient toujours d'un grand intérêt par les comparaisons qu'il faisait avec la France et il trouvait bon qu'on lui en fît sur tous sujets.

Il n'aimait pas à rester longtemps à table et se levait le premier après le dessert. Le grand maréchal, le duc de Rovigo le suivaient sur le pont, tandis que M. de Las-Cases et les autres,

Mme Bertrand et moi, restions plus longtemps.

Après dîner, on se tenait sur le pont. Le capitaine ayant vu que nous, les dames, préférions être à l'air que dans nos cabines, avait fait disposer de chaque côté du pont un berceau formé de pavillons de différentes couleurs; nous y passions une grande partie de la journée à couvert du soleil. Mme Bertrand parlant anglais, servait souvent d'interprète à l'Empereur avec ceux des officiers qui ne parlaient pas français. Peu de jours s'étaient passés et les Anglais avaient déjà perdu la plus grande partie de leurs préventions contre l'Empereur.

Les officiers de sa suite dînaient avec les officiers anglais. Le soir, nous allions quelquefois prendre le thé à leur tables. Les *midshipmen* jouèrent la comédie et, pour remplir leurs rôles, quelques-uns s'étaient habillés en femme. L'Empereur et nous assistâmes à ce spectacle, le 18.

Un brouillard épais avait fait manquer la reconnaissance d'Ouessant. Le capitaine en était très contrarié. Cet incident était désagréable dans la circonstance de l'Empereur à bord. Un bâtiment que l'on rencontra apprit où l'on était.

Le 23, on dépassa Ouessant et, à dix heures

du soir, on découvrit les côtes d'Angleterre. Nous passâmes devant l'île de Wight, si belle de verdure et toute couverte de maisons de campagne qui font un effet charmant.

Le 24, on jeta l'ancre devant Torbay. Toute communication avec la terre fut défendue. Ce fut à grand'peine que l'on obtint que Cipriani descendrait à terre pour faire des provisions (1). Le général Gourgaud, arrivé depuis quelques jours, n'avait pu encore débarquer.

(1) Cipriani était cuisinier de l'Empereur.

IX

Plymouth.

Le 26 juillet, à cinq heures du matin, nous fîmes voile pour Plymouth où nous arrivâmes le soir à quatre heures.

A peine dans le port, le *Bellérophon* devint l'objet de l'intérêt et de l'empressement des habitants de Plymouth, puis de toute l'Angleterre, à mesure que la nouvelle de l'apparition de l'Empereur s'y répandait. On voulait le débarquement ; on voulait voir le grand homme.

La mer était couverte d'embarcations remplies à chavirer d'hommes de toutes classes, de femmes élégantes. Ces bateaux entouraient le vaisseau dans l'espoir d'apercevoir l'Empereur ; ils s'approchaient assez près pour pouvoir nous parler.

Cet empressement inquiétait le Gouvernement et l'ordre fut donné de forcer les curieux à s'éloigner. Des chaloupes-canonnières furent mises en mer, commandées par les officiers du *Bellé-*

rophon, qui repoussaient les bateaux des curieux; mais ceux-ci s'obstinaient à rester, au risque de périr. Les femmes, debout, se cramponnaient au bras des hommes et ne voulaient pas que l'on s'éloignât. Le Gouvernement craignait qu'une ancienne loi anglaise ne vînt prêter son secours hospitalier au débarquement; il se décida à nous éloigner au plus vite.

Depuis que nous étions en rade de Plymouth, on commençait à nous parler de Sainte-Hélène comme du lieu où nous pouvions bien être envoyés, et chacun de nous de s'enquérir de cette île. Les uns nous disaient que le pays était beau et le climat sain; d'autres que c'était un horrible séjour, malsain, que nous y trouverions tous les inconvénients et désagréments que l'on trouve en général sous les tropiques, en animaux venimeux, etc...

X

L'amiral Keith a bord.

Le 28 juillet, l'amiral Keith (1) vint à bord à midi; il eut un long entretien seul avec l'Empereur.

Dans la journée, plusieurs bâtiments, chargés de soldats français faits prisonniers à la bataille de Waterloo, entrèrent dans le port; c'était pour nous un triste spectacle et de sinistre augure. Enfin, le 31, l'amiral Keith revint à bord, accompagné d'une autre personne munie de l'ordre qui envoyait l'Empereur à Sainte-Hélène. L'amiral fut reçu par l'Empereur dans la chambre de poupe et lui annonça sa destination; ce second entretien dura assez longtemps.

Quand l'amiral sortit de chez l'Empereur, j'étais avec Mme Bertrand et, si je ne me trompe, plusieurs autres personnes, dans la pièce qui

---

(1) George Elphinstone, lord Keith (1747-1823), amiral et pair en 1804, généralissime de la flotte anglaise.

précédait celle où se trouvait l'Empereur. L'amiral nous dit en français, qu'il parlait avec beaucoup de peine, qu'il venait d'annoncer à l'Empereur qu'on l'envoyait à Sainte-Hélène. Nous ne cachâmes pas à l'amiral notre étonnement et notre chagrin de ne pas rester en Angleterre : « *C'est, nous dit-il, pour le plus grand avantage de l'Empereur que le Cabinet a pris cette détermination. En Angleterre, on eut été obligé de le tenir enfermé dans quelque château, tandis que là, il sera libre.* » On verra comme il le fut.

L'amiral, en nous parlant ainsi, était embarrassé; il paraissait gêné de la triste mission qu'il avait à remplir. Après quelques moments de conversation sur ce sujet, il nous quitta. La consternation était parmi nous.

On s'occupa immédiatement des arrangements.

L'Empereur ne pouvait emmener que trois de ses officiers généraux. Il y eut un moment d'hésitation de la part du général Bertrand; il fut même décidé momentanément qu'il ne suivrait pas. L'Empereur le fit venir et lui dit : « *Ce n'est pas pour moi que je veux vous emme-*

LAS-CASES

ner, c'est pour vous. Si vous me quittez maintenant, vous perdrez la réputation que vous avez acquise à l'île d'Elbe. » C'était trop vrai et trop conforme aux sentiments du grand maréchal pour ne pas être senti et dominer dans son cœur toute autre affection, tous regrets de s'éloigner d'un père et d'une mère déjà vieux. Le bonheur de sa femme, qui ne pouvait prendre son parti de renoncer à la France et à sa famille, était aussi d'un grand poids dans la balance; mais ses hésitations ne pouvaient tenir contre un mot de l'Empereur : il fut donc arrêté qu'il viendrait.

On sait que le duc de Rovigo et le général Lallemand étaient condamnés à mort s'ils rentraient en France et, par suite du système adopté de considérer l'Empereur comme prisonnier de guerre, le cabinet anglais, au lieu de les laisser aller où ils voudraient, les envoya prisonniers à Malte, ainsi que les officiers qui ne pouvaient venir à Sainte-Hélène. On peut juger de ce que fut pour le duc sa séparation d'avec l'Empereur.

Je m'étais lié avec lui à bord, et depuis je l'ai toujours trouvé ami fidèle et je lui ai connu bien des qualités estimables. Il nous montrait souvent une boîte sur laquelle étaient peints les portraits de sa femme et de ses enfants; il les contemplait avec bonheur : on voyait combien il les aimait.

XI

Madame Bertrand.

La position du général Bertrand, qui était rentré les armes à la main, lui fermait aussi la France, ce qui irritait beaucoup Mme Bertrand. Elle n'avait pu s'empêcher, un jour qu'elle était de mauvaise humeur, de comparer les deux causes politiques qui bannissaient également son mari et le duc, le premier pour être revenu de l'île d'Elbe, le second parce qu'il avait, disait-elle, attaché une lanterne sur la poitrine du duc d'Enghien. Calomnie atroce qu'elle répétait inconsidérément dans un moment de désespoir. Elle répétait une chose qu'elle avait entendu dire et qui n'était pas vraie. Aussi, le jour de la scène, le 31 juillet, lorsqu'elle voulut se jeter à la mer, le duc était sur le pont, d'où il voyait son mari qui la retenait de la fenêtre de la cabine par où passait le haut du corps; il lui criait en riant : « Lâche-la! lâche-la! » Nous en avons souvent ri depuis.

Je ne dirai qu'un mot du chagrin qu'elle éprouva de ce qu'on nous fermât l'Angleterre pour nous envoyer à Sainte-Hélène.

Dans la soirée qui suivit la triste mission de l'amiral Keith, elle entra chez l'Empereur et le supplia de ne pas emmener son mari. L'Empereur lui répondit avec calme qu'il ne forçait personne à le suivre et que c'était plutôt pour le grand maréchal que pour lui-même qu'il l'engageait à persévérer. Le chagrin d'avoir déplu à l'Empereur et le regret de partir firent perdre la tête à cette personne aussi vive qu'impressionnable et, en sortant de chez l'Empereur, elle voulut se jeter à la mer. On ne s'est que trop emparé de l'effet d'un mouvement de nerfs pour représenter avec malveillance et tourner en ridicule un moment de désespoir indépendant du cœur et du caractère, pourtant bien excusable, et qui ne prouve rien qu'une vive sensibilité.

Son attachement pour l'Empereur ne pouvait être douteux : Mlle Dillon est créole et parente, par sa mère, de l'impératrice Joséphine. L'Empereur l'avait mariée au général Bertrand, son aide de camp, et l'avait dotée. Elle avait joui depuis lors de tous les avantages attachés à cette position. Son mari avait remplacé Duroc dans sa place de grand maréchal; mais il n'avait occupé cette place que peu de temps. Il y avait pour Mme Bertrand bien lóin des habitudes des Tuileries aux privations du *Bellérophon*. Le prestige était grand, on pouvait le regretter.

Excepté quelques moments de vivacité où, comme le disait l'Empereur, *le bout de l'oreille créole passait*, elle est très facile à vivre; il est impossible d'avoir plus de distinction dans la tournure et dans les manières et, quand elle le veut, de plaire plus facilement.

Sa taille est élevée, belle et souple. Elle a un joli pied, de jolis cheveux et une physionomie agréable, et, de plus, tout ce qu'il fallait pour bien représenter comme femme du grand maréchal. Elle aimait le monde, la Cour, le luxe, la grandeur, ce qui ne l'empêchait pas d'être excellente mère et tout occupée de ses enfants. L'attachement à son mari est la meilleure preuve des nobles qualités de cette femme séduisante.

Elle me plaisait beaucoup comme compagne d'exil et nous avons toujours fort bien vécu ensemble. C'est la meilleure réfutation que je puisse faire de toutes les assertions contraires qui ont pu être faussement débitées.

La seule discussion que nous ayons jamais eue ensemble eut lieu sur le *Bellérophon.*

Nous promenant sur le pont, le duc en tiers, la conversation s'établit sur la manière dont on recevrait l'Empereur en Angleterre; elle était encore dans l'illusion et je n'en avais pas; le duc était de mon avis; elle rêvait vie de château, affluence d'empressements. « Vous croyez, lui dis-je, qu'on va venir nous chercher en palanquin? » Cette illusion lui faisait honneur, c'était compter sur la bonne foi et la générosité britanniques. Voilà la seule fois qu'il y ait eu discussion entre nous et encore fut-elle bien modérée; mais la conversation était animée, on nous entendait et l'on pouvait croire que nous nous querellions.

Nos enfants s'aimaient comme des frères et cette affection, née dans l'exil, n'a jamais cessé.

XII

Torbay.

1er août. — Les curieux furent un peu moins nombreux que les jours précédents ; on y mettait bon ordre.

L'Empereur ne fit point sa promenade sur le pont.

Le capitaine nous avait présenté sa femme, mais elle ne put monter à bord. La visite se fit, elle dans son bateau, et nous sur le pont. L'empressement que l'on continuait à montrer et l'intérêt que le peuple anglais prenait à cette question donnaient de l'inquiétude à lord Bathurst, chef du cabinet, et l'ordre fut donné d'éloigner le *Bellérophon* jusqu'à Torbay.

Le 4, le vaisseau sortit du port, et, dans la matinée du 6, on signala le *Northumberland*. Les deux vaisseaux firent route vers Torbay, où ils jetèrent l'ancre.

L'amiral Keith vint nous rejoindre à Torbay, à bord du *Tonnant*. Lui et l'amiral Cockburn vinrent annoncer à l'Empereur que le *Northumberland* était prêt pour le recevoir.

Là, commencèrent les tribulations des prisonniers. On retira les armes et l'on visita les effets de l'Empereur et ceux des personnes de sa suite.

On s'occupa alors des arrangements.

L'Empereur ne pouvait emmener que trois officiers généraux et douze domestiques; les trois officiers généraux furent le grand maréchal Bertrand, les généraux Montholon et Gourgaud.

M. de Las-Cases se trouvait en dehors des élus; on eut beaucoup de peine à obtenir de le faire considérer comme le secrétaire de l'Empereur; les Anglais ne l'aimaient pas. Ils avaient pris de lui une prévention défavorable depuis le jour où, envoyé à bord du *Bellérophon*, il avait dissimulé, disaient-ils, de savoir parler anglais et de l'entendre.

Peut-être M. de Las-Cases n'avait-il pas été dans le cas de s'expliquer à cet égard. Quoi qu'il en soit, par suite de ce manque d'explication, qu'ils appelaient réticence, on avait parlé devant lui, et lorsque, rendu plus tard sur le *Bellérophon*, il fut découvert qu'il savait l'anglais comme un Anglais, le capitaine Maitland et autres en furent tous surpris et furieux. Depuis, l'amiral Cockburn m'a dit que la prévention que l'on avait contre lui venait de là.

L'Empereur aurait bien voulu pouvoir emmener M. de Planat, officier d'ordonnance, qui lui aurait été très utile comme secrétaire. On ne put l'obtenir.

Tous ceux qui avaient espéré vainement suivre l'Empereur, Français, Polonais, officier d'ordonnance et autres, furent envoyés à Malte, excepté le jeune Las-Cases à qui l'on permit de suivre son père.

J'avais emmené un domestique et une femme de chambre; on ne me permit de garder que celle-ci.

On permettait en tout, je l'ai déjà dit, douze personnes au service de l'Empereur, et, pour qu'il pût garder les siens, nous ne gardâmes pas les nôtres. Mme Bertrand put emmener un homme parce qu'il était le mari de sa femme de chambre. On admit en principe que l'on ne séparait pas les maris des femmes et les enfants des pères.

Le moment de la séparation de ceux qui ne suivaient pas fut affreux. Ces pauvres officiers pleuraient comme des enfants ; le duc de Rovigo était affecté d'une vive douleur, comme on peut le croire d'un attachement tel que le sien.

XIII

Le « Northumberland ».

Le 7 août, l'Empereur, après avoir reçu les tristes adieux de ses fidèles serviteurs, fut transféré à bord du *Northumberland*, portant pavillon de l'amiral Cockburn (1).

Il y passa sur le canot du *Bellérophon*.

Avant de quitter ce vaisseau, je dois dire qu'en témoignage de ce qu'il pensait de la conduite qu'avait tenue à son égard le capitaine, l'Empereur lui fit présent d'une tabatière avec son portrait, que le brave marin, tout heureux qu'il était, n'accepta que sous la condition que son gouvernement lui en donnerait la permission.

Nous n'eûmes tous qu'à nous louer des attentions du capitaine et des officiers de son bord.

Le docteur O'Meara, médecin-chirurgien atta-

---

(1) Sir George Cockburn (1772-1853), baronnet, amiral anglais. Il avait longtemps servi sous Nelson, fit les campagnes d'Espagne et s'empara de Washington en 1813, de concert avec Ross.

ché à ce bâtiment, eût la permission de suivre l'Empereur à titre de médecin attaché à sa personne et à son service. J'aurai occasion de parler souvent de lui. Tous ceux qui ne venaient pas à Sainte-Hélène restèrent sur le *Bellérophon*. Ils furent depuis transportés sur le brick ***, pour être conduits à Malte.

En arrivant à bord du *Northumberland*, l'Empereur y trouva M. Stanley et M. Hutchinson, tous deux attachés au ministre Castlereagh et membres des Communes, qui l'y attendaient; il eut avec eux un long entretien.

Dans l'empressement que mit le cabinet anglais à éloigner l'Empereur des côtes d'Angleterre, il ne se trouva qu'un seul gros vaisseau qui fût en état de faire un tel voyage; le *Northumberland* fut destiné à nous recevoir. Il venait de l'Inde, et l'on ne prit même pas le temps de changer l'eau et le biscuit; aussi, toute la traversée, n'eûmes-nous à boire que de l'eau pourrie, et, sur la fin, le biscuit était rempli de vers; au reste, les vivres étaient bons et abondants. N'ayant pu prévoir un tel voyage, nous demandions à acheter du linge et tout ce qui nous était nécessaire pour ce long trajet. Il eût

Vue de Jamestown.

été bien facile à Plymouth de nous procurer tout ce dont nous avions besoin; mais, quelles que fussent nos sollicitations à cet égard, on ne nous le permit pas. C'était bien dur, et ce refus nous soumit à de grandes privations.

Le jour de notre installation sur le *Northumberland*, au moment où nous allions faire voile, nous fûmes témoins d'un triste spectacle dont j'éprouvai une vive impression. Le temps était sombre et frais; j'étais sur le pont, pensant tristement à notre destination, lorsque je vis un bateau qui se dirigeait vers nous. Il contenait une femme; c'était une curieuse venue de loin, elle voulait approcher du *Northumberland*, dans l'espoir d'apercevoir l'Empereur. Elle était avec son enfant et un domestique. Je la vois encore avec sa robe noire. Au moment où elle nous atteignait, un brick croisait, et rencontrant le bateau, il le coula. Nous vîmes l'embarcation disparaître.

A l'instant, les canots furent à la mer, et l'on parvint à sauver la mère et l'enfant qui furent portés sur des vaisseaux différents. La pauvre mère se trouvait à bord du nôtre, elle ignorait que son enfant fût sauvé, et, à peine hors de

5

l'eau, elle criait avec l'accent du désespoir : « *My child! my child!* »

Le serviteur ne fut pas retrouvé. Cet événement était de triste augure; chacun eut cette pensée.

Le 8, l'Empereur déjeuna dans sa cabine; c'était son cuisinier qui faisait son déjeuner. Nous trouvâmes à bord le colonel Bingham, qui commandait le bataillon du 53e. Je ne dois pas omettre qu'au moment de l'embarquement sur le *Northumberland*, on prit la mesure de s'emparer de l'argent qu'avait l'Empereur : 400,000 francs. Il fut convenu que cet argent resterait à sa disposition sur des mandats, mais qu'il ne pourrait l'avoir entre ses mains que par petites sommes. Il ne fut soustrait à l'inquisition anglaise que 80,000 francs. Comme cette somme était en or, elle put être répartie entre les officiers et domestiques qui en portaient chacun une partie sur eux, dans des ceintures.

XIV

Traversée.

Dans la nuit du 10 août, le signal fut donné pour mettre à la voile et faire route pour Sainte-Hélène : signal d'exil! Le bruit du cabestan nous fit en ce moment une triste impression.

Le mal de mer reprit à ceux qui l'éprouvaient, et je fus du nombre; pendant quelques jours, je ne pus guère quitter mon lit.

Le *Northumberland* est un beau et grand vaisseau; mais il était si chargé, nous y étions tellement nombreux, que tout était encombré et qu'il nous fut impossible de nous installer à l'aise.

Il était divisé sur le premier pont par une grande pièce où l'on mangeait et qui précédait le salon. De chaque côté était une chambre, l'une occupée par l'Empereur, et l'autre pareille, par l'amiral. Au-dessous de celle-ci était celle de la famille Bertrand. Mme Bertrand, son mari, ses trois enfants, sa femme de chambre et l'enfant de cette femme. J'avais celle du capitaine Ross (1), commandant du vaisseau, pour mon mari, mon fils, moi et ma femme de chambre. Cette cabine était ornée d'un gros canon qui sortait par l'embrasure de la fenêtre et m'embarrassait fort. Nous avions 500 hommes à bord, provenant du 53e. Enfin nous étions plus de mille.

La table où dînait l'Empereur se composait de lui, l'amiral à sa droite, Mme Bertrand à sa gauche, moi entre l'amiral et le capitaine Ross qui commandait le vaisseau. Je nommerai les autres sans ordre de place. Les Anglais étaient : le colonel Bingham, M. Glower, secrétaire de l'amiral, le docteur O'Meara, le docteur du bord, Warden, le 1er lieutenant de vaisseau, le *clergyman*, le commandant des troupes de terre; les Français : le grand maréchal Bertrand, les généraux et M. de Las-Cases; son fils dînait à la table des officiers.

Chaque jour, on invitait alternativement un officier de marine, un officier de terre, un

(1) John Ross (1777-1856), depuis contre-amiral, s'est illustré par ses voyages d'exploration dans les mers arctiques et la découverte du pôle magnétique boréal.

midshipman (1). Le dîner était aussi bien servi que l'on pouvait l'obtenir à bord. Les vivres étaient bons et abondants. On s'était procuré hâtivement tout ce que l'on avait pu en conserves et en animaux de bord; sauf l'eau qui était pourrie et le biscuit qui était vieux, on ne pouvait se plaindre.

L'Empereur portait, comme d'ordinaire, son uniforme de chasseurs, bas de soie, souliers à boucle. On avait eu soin de prendre une grande quantité de linge et tout ce qui lui était nécessaire. Sa tenue était celle des Tuileries; les Français étaient en uniforme.

On ne peut se faire une idée des officiers anglais en mer : leurs habits, par le brillant des boutons, semblaient être neufs, le linge d'une blancheur remarquable. L'amiral était resplendissant et se promenait fièrement sur la poupe.

Le vaisseau avait besoin d'être repeint et le fut bientôt et souvent, ce qui nous déplaisait fort et me causait grand mal de tête. Cependant, le mal de mer avait passé et je pouvais m'occuper comme à terre; le temps passait vite :

(1) Elève de marine, aspirant.

lecture et promenade sur le pont toute la journée. L'amiral était très complaisant pour nous. Notre présence sur le pont devait souvent gêner.

Le 18, un bâtiment faisant partie du convoi nous rejoignit; il avait des journaux pour l'amiral, ce qui fut une distraction. Notre escadre se composait du *Northumberland*, capitaine Ross, pavillon amiral; la *Havane*, capitaine Hamilton; le *Furet*, l'*Eurotas*, l'*Ecureuil*, etc., etc. : en tout, un vaisseau de 80, une frégate de 44, une de 36, six bricks, deux *stores ships* (gabares).

Le 23 août, à une heure, on aperçut l'île de Porto-Santo et, peu de temps après, celle de Madère. Nous étions devant Funchal à six heures du soir. Un violent vent de siroco s'éleva et gêna l'amiral pour se maintenir en vue de Funchal où il voulait prendre des vivres. Assise sur le pont, je souffrais du mal de mer que la tourmente m'avait rendu et j'admirais les vagues en furie qui nous élevaient à une hauteur prodigieuse pour nous laisser retomber dans l'abîme. Ce spectacle pouvait inspirer la crainte; mais je ne l'ai jamais éprouvée en mer sur un vaisseau, tandis que je n'aime pas à traverser une rivière dans un bateau. On virait de bord à chaque instant et cette manœuvre, qui s'exécutait avec tant de facilité, en dépit de la vague et du vent, au bruit du sifflet du lieutenant, apportait une distraction à ma souffrance. C'était un véritable changement de décoration, puisque le point de vue changeait à chaque instant. Ce coup de vent fut si violent et le siroco est si rare à Madère, que les habitants, fort superstitieux, prétendirent que c'était la présence de l'Empereur qui leur portait malheur. Nous aurions bien désiré descendre à Funchal; l'amiral ne le permit pas; son secrétaire seul y passa une journée pour y prendre des provisions.

L'aspect de l'île est charmant; les hauteurs sont très boisées : elles me rappelaient Nice. On sait que le climat de Madère est enchanteur; les Portugais y envoient leurs malades de la poitrine. Dès que M. Glower fut revenu à bord, le 28, on remit à la voile; il avait rapporté des citrons, des oranges, qui nous firent un plaisir extrême et contribuèrent beaucoup à ma guérison du mal de mer. On avait embarqué vingt-cinq jeunes bœufs.

J'ai dit que l'eau, ayant déjà fait un voyage dans l'Inde, était mauvaise, d'une couleur jaunâtre; le goût en était désagréable. Le soir, nous pressions un citron dans un verre de cette horrible eau; c'était pour nous un breuvage délicieux. L'amiral avait fait embarquer aussi, à Madère, de la véritable *malvoisie.* Ce vin est parfait. Comme on n'en servait pas tous les jours, pendant la traversée, nous prétendions que l'amiral ne nous en donnait que quand nous étions bien sages. Il y avait heureusement, pour remplacer l'eau, de la bière et très bonne. A cette époque, je ne pouvais en boire; on peut donc juger ce que fut pour moi la privation de bonne eau. J'en fus fort malade à la fin du voyage. Cette eau si mauvaise, nous n'en avions pas encore autant que nous aurions désiré, ce qui est tout simple en mer. On en délivrait à chaque personne deux gallons par jour, et l'amiral avait l'attention d'en donner davantage pour le service de Mme Bertrand et pour le mien; il en faisait même ajouter suivant nos demandes, l'eau de mer ne pouvant servir pour le lavage du linge. Avec des enfants, on peut juger de ce qu'était pour nous la galanterie d'un pot d'eau croupie.

Ile de Sainte-Hélène (Vue de 10 milles S. W. Q. W.).

Vue de Longwood (d'après un dessin de M. CHÉDEVILLE, commissaire de la *Belle-Poule*).

Dans la nuit du 27 au 28, nous longeâmes les îles Canaries, entre celle de Ténériffe et celle de Palma; le 28, nous passions le tropique du Cancer et, le 1er septembre, nous nous trouvions près de l'île de Santo-Antonio, une des îles du cap Vert. On y envoya un brick pour y prendre quelques provisions. Le convoi se mit au large en attendant son retour. Le 6, la chaleur était excessive, de fortes averses rafraîchirent un peu l'atmosphère. Le 8, nous vîmes un oiseau de mer de la forme d'un canard : en mer, tout incident est quelque chose. Un spectacle que nous eûmes aussi fut celui des marsouins, qui étaient en immense quantité, et venaient sauter et faire leurs plongeons autour du vaisseau. On prit à bord un énorme requin, horrible animal, effroi des matelots, qui le regardent comme leur ennemi. Quand on voit la double rangée de scie qui lui sert à couper une jambe comme ferait un rasoir, on comprend l'effroi qu'il inspire au pauvre matelot exposé à tomber à la mer. La chair du requin n'est pas bonne ; cependant, les matelots s'en arrangent.

Le 14, l'Empereur prit sa première leçon d'anglais que lui donna M. de Las-Cases. Pour passer le temps, on jouait le soir autour d'une table ronde, au 21, macao ou autres jeux de ce genre : l'Empereur, l'amiral et ceux de nous qui voulaient venir prendre place. L'Empereur tenait tout ce qu'on voulait, et il gagnait beaucoup. Le jeu s'échauffa assez pour que le secrétaire de l'amiral, M. Glower, perdit 100 louis, ce qui ne l'amusa guère. L'Empereur voyant que l'on jouait trop gros jeu n'en voulut plus.

Avant dîner, il jouait aux échecs ou au piquet avec moi. Le salon où il se tenait était la grande chambre de poupe. C'est la pièce où l'on souffre le plus du mal de mer, en raison de sa position. J'y venais le moins que je pouvais, d'autant plus qu'elle sentait la peinture. Je passais mes matinées assise sur le gaillard d'arrière, près de la roue du gouvernail que deux timoniers manœuvraient, les yeux constamment fixés sur la boussole, en criant à tous moments pour indiquer la marche du bâtiment.

L'Empereur avait sa petite bibliothèque de voyage formée au hasard de quelques livres de la bibliothèque de Rambouillet, que l'on avait pris en passant. Elle se composait de plusieurs caisses prêtes à être mises dans des voitures. Ces livres étaient à notre disposition. C'était une grande ressource; j'apprenais l'anglais en traduisant Rasslas (?) sous la direction du docteur O'Meara ou de M. de Las-Cases, qui me corrigeaient.

Un peu avant le dîner, l'Empereur, l'amiral, les dames, les officiers français, plusieurs Anglais se rendaient dans le salon dit « du mal de mer ». Quand l'Empereur ne jouait pas, il causait; un jour, il parlait de l'Egypte, et ne me voyant pas, il oublia que j'étais là et se laissa aller à parler comme on peut le faire au corps de garde, ce qui m'embarrassa extrêmement et doublement, me trouvant devant des Anglais. L'Empereur s'étant retourné me vit et s'écria : « *Ah! Madame, je ne vous voyais pas;* » et moi de rougir bien plus encore, voyant tous les yeux fixés sur moi.

Les Anglais s'amusaient beaucoup de voir l'Empereur jouer aux échecs avec le grand maréchal, le général Gourgaud ou le général Montholon alternativement. Il les battait presque toujours; mais ces messieurs jouaient aussi entre eux, et le général Gourgaud, qui quelquefois gagnait l'Empereur, perdait toujours contre le général Montholon. Il vit alors que celui-ci se laissait battre volontairement par l'Empereur, ce dont les officiers anglais s'étaient déjà aperçus; ils s'en amusaient beaucoup, disant que c'était un véritable trait de courtisan.

Plus tard (le docteur Warden en parle dans ses *Lettres*, au Supplément, page 21), le général Gourgaud dit à l'Empereur qu'avec lui M. de Montholon ne jouait pas tout son jeu; l'Empereur ne le crut pas. Ce ne fut que des années après qu'il se rendit compte que M. de Montholon était en effet plus fort que lui et ils n'en jouaient pas moins ensemble chaque jour. Il n'était pas facile de jouer avec l'Empereur; il forçait à faire marcher les pions très vite et s'amusait quelquefois à commencer les parties sans règle; par suite de cette manière, il se trouvait souvent lui-même embarrassé pour sortir d'affaires; mais, au moment où l'on devait croire qu'il perdait la partie, une ressource imprévue, qu'il découvrait dans son jeu, lui donnait souvent l'avantage.

J'ai déjà dit qu'il déjeunait chez lui, seul; pendant la matinée, il causait avec ses officiers l'un après l'autre.

Ce fut déjà sur le *Northumberland* que, pour occuper son loisir, il céda aux instances qui lui étaient faites par nous et qu'il commença à dicter ses Mémoires sur les guerres d'Italie à M. de Las-Cases; puis au général Bertrand, sur l'Egypte, et aux deux autres généraux. Dans ses conversations particulières du matin, il admettait aussi chaque jour le docteur O'Meara qu'il avait accepté pour médecin. Le docteur parlait italien mieux alors que le français, et c'était toujours dans cette langue qu'il causait avec l'Empereur qui s'entretenait avec lui familièrement et sur toutes sortes de sujets.

L'Empereur attachait beaucoup d'intérêt à connaître le caractère, les sentiments pour lui, la disposition d'esprit et les occupations des personnes qui l'entouraient. Il s'était imaginé que j'avais des préventions contre lui pour des raisons que je dirai plus tard (1), et, un jour qu'il par-

---

(1) Mme de Montholon était d'une famille très royaliste. Son père avait rendu des services à Louis XVI au moment de la fuite à Varennes; arrêté sous l[illegible]reur et détenu à Paris, il n'avait échappé à l'échafaud que par suite du 9 Thermidor. M. de Vassal mourut quelques mois après, âgé de soixante ans, en son château de la Fortelle, en Brie, commune de Nesles, arrondissement de Coulommiers. — Du C.

lait de moi à M. de Las-Cases avec qui je causais souvent, celui-ci lui rendit compte de ce qu'après une conversation dont l'Empereur faisait le sujet, je lui avais dit : « En venant ici, je n'avais pensé qu'à suivre mon mari ; mais, à présent que j'ai pu apprécier l'Empereur, je m'estime heureuse de lui prouver mon dévouement. » En effet, depuis que je le voyais d'aussi près, je l'admirais sincèrement. Je n'étais pas seule à subir son ascendant : même ceux des Anglais qui étaient arrivés avec le plus de préventions contre lui n'avaient pas échappé à la séduction.

L'Empereur savait par ses officiers quelles étaient les questions qui intéressaient le plus la curiosité des Anglais et les abordait nettement ; il aimait qu'on lui répondit franchement, et cette discussion d'homme à homme l'élevait encore dans l'esprit de celui qui l'écoutait. Ce mélange de véritable grandeur et de simplicité attirait et inspirait confiance.

A table, où la conversation était générale, le sujet qu'il traitait était toujours d'un grand intérêt. Jamais on ne l'entendait sans que l'esprit n'en fut éclairé sur quelques points ou forcé à réfléchir.

Je reviendrai encore à ces conversations, à ce génie si lumineux. L'équipage l'admirait. Il y a dans le naturel et dans les manières vraies quelque chose qui séduit; avec le matelot comme avec l'officier, il était ce qu'il devait être, s'enquérant avec intérêt de ce dont il devait s'enquérir.

Dans une telle position, il conservait autant de calme d'esprit que s'il eût été aux Tuileries. Il était facile de juger que ce n'était pas un rôle qu'il s'était imposé; d'aussi près, rien ne se joue longtemps avec succès. Son courage moral, sa liberté d'esprit, tout était de nature, et là était le charme.

J'aurai souvent occasion de revenir sur ce côté de son caractère, qui a dû nécessairement rester dans l'ombre pour beaucoup de personnes qui ne l'ont approché que pendant qu'il était sur le trône. Je dirai aussi qu'il était bon, profondément bon; mais continuons notre *sailing* (1).

Le fier amiral se défendait autant qu'il le pouvait contre l'influence qu'exerçait l'Empereur; mais il rendait justice à tout ce qui la

(1) Navigation.

motivait et, si l'on avait voulu, il eût été sous le charme.

Cet amiral est celui qui a brûlé la flotte américaine devant New-York.

Sévère, positif, sa haute taille ajoutait encore à son air dur et si orgueilleux. Homme d'amour-propre et de devoir, mais bon, quand on savait le prendre, il manquait de liant et, par cela même, il était d'autant plus nécessaire qu'il en trouvât dans les rapports indispensables que nous avions avec lui. Lorsqu'on avait à traiter avec lui, il fallait surtout aller droit au but et ne pas finasser. Enfin, tel qu'il était, il pouvait être très utile à l'Empereur; tout était là. Les brouiller était donc agir avec égoïsme ou du moins irréflexion. Plus tard, il eût pu balancer la confiance accordée par le cabinet anglais aux rapports de sir Hudson Lowe, et l'on eut à regretter les dispositions dans lesquelles il partit de Longwood. Le capitaine Ross, son beau-frère, était un excellent homme dont nous n'eûmes qu'à nous louer; il ne savait pas un mot de français et, par conséquent, ne pouvait causer avec l'Empereur.

Le 23 septembre, nous passions la ligne et

nous eûmes, suivant l'usage, la cérémonie du *baptême*. C'est un grand amusement pour l'équipage et qui lui vaut une rétribution de ceux qui passent la ligne pour la première fois. Les matelots font une mascarade dans le genre de celle du bœuf gras. C'est Neptune sur son char qui vient haranguer le commandant du vaisseau, et le dieu asperge abondamment les *néophytes;* il n'y a aucun moyen d'y échapper. L'Empereur se soumit de bonne grâce à la coutume et fit distribuer une somme convenable, d'accord avec l'amiral.

Pendant la traversée, on eut à s'occuper, en passant, d'une certaine île Saint-Mathieu (je crois), qui a été vue à la hauteur de... (1) et que depuis on cherche vainement. Formée sans doute momentanément, par quelque révolution souterraine, elle aura disparu, engloutie par un tremblement de terre.

Notre navigation, fort heureuse, fut un moment contrariée par les calmes que l'on rencontre ordinairement sous la ligne. La mer est

---

(1) Vers le 2e degré de latitude australe et le 4e degré de longitude occidentale du méridien de Greenwich.

alors sans aucun mouvement et ressemble à une nappe d'huile. Des bouteilles jetées près du vaisseau y restèrent longtemps comme dans une mare. On écrivit dans quelques-unes le passage de l'Empereur. Peut-être les trouvera-t-on un jour ensevelies sous le sable de quelque plage déserte!

Pendant ce temps d'inaction, on s'occupa à bord à réparer les gréements; les matelots déploient les voiles sur le pont, les recousent et les remettent en état.

Notre traversée fut de *deux mois et dix jours;* au lieu de passer du côté du Brésil, l'amiral avait préféré naviguer du côté de l'Afrique, et longer la côte de Sierra-Leone où les Anglais ont un établissement. Il est possible qu'il ait voulu éviter la rencontre éventuelle d'une escadre américaine, qui aurait pu vouloir délivrer l'Empereur. Au surplus, notre convoi était assez nombreux pour ne rien craindre de ce genre.

Enfin le temps s'écoulait; on s'attendait à voir terre et ce fut pour nous une grande nouvelle lorsque le *14 octobre, à six heures du matin*, on signala Sainte-Hélène. Au cri de : *Land!* nous montâmes tous sur le pont.

On ne voyait encore rien à la vue simple et du pont; mais, bientôt, Sainte-Hélène nous apparut avec les rochers noirs et hauts qui la bordent du côté de la rade de James-Town.

On sait, ou on ne sait pas, car jusque-là on ne s'était guère occupé de cette île, qu'elle a été découverte par les Portugais il y a deux cents ans et qu'elle sert de relâche aux vaisseaux qui reviennent de l'Inde et de la Chine. En allant, c'est au Cap que touchent les flottes, et elles ne passent pas en vüe de l'île. En venant d'Europe, on est obligé de la dépasser et d'aller prendre les vents pour y aborder, tandis qu'en venant de l'Inde, ils y portent. Mais j'aurai le temps de la décrire avec tous ses agréments et désagréments. Nous voilà en vue du port : il faut d'abord débarquer. Nous avions fait si bonne route et le *Northumberland* était si bon marcheur, que l'amiral avait cru arriver le premier de sa flotte. Mais déjà la *Havane*, que commandait le capitaine Hamilton, nous avait précédés de quelques jours.

L'île appartient à la Compagnie des Indes.

Le colonel Wilkes en était gouverneur. Il vint en mer au-devant de nous. Son canot était monté par des noirs vêtus de blanc avec des ceintures rouges. Ce n'était plus l'Europe, mais l'Afrique ou l'Amérique; car on n'avait pas encore décidé alors si cette île, située presque à égale distance des deux continents, devait être classée géographiquement dans le domaine de l'un ou de l'autre; depuis, la question a été résolue en faveur de l'Afrique.

M. Wilkes est un homme de formes aimables, d'une belle figure, à qui des cheveux prématurément blanchis donnaient déjà l'air vénérable, un de ces hommes qui, dès l'abord, inspirent la sympathie, dont la physionomie révèle une belle âme.

Il était étonné, comme on peut le croire, de voir Napoléon dans ces parages. C'était tout à fait un événement des *Mille et une nuits.* On se figure l'effet que devait produire une telle apparition sur un homme qui vivait dans son île depuis de longues années, n'y recevant que rarement des nouvelles d'Europe, nouvelles qui, ordinairement, dataient d'un an, ayant passé par l'Inde ou la Chine. Il résultait nécessairement de cet isolement de la famille Wilkes qu'elle était peu au courant des affaires de ce monde.

Le 15 octobre, à dix heures du matin, on jeta l'ancre. L'aspect de l'île, du côté du port, n'est pas riant. La vallée de James-Town est resserrée entre deux hautes montagnes.

Quelques palmiers, que l'on aperçoit au milieu des maisons, donnent au paysage une couleur locale d'un effet agréable.

Nous passâmes la journée du 16 sur le pont à regarder notre prison.

Le 17 au matin, l'amiral engagea le général Bertrand à l'accompagner à terre pour choisir la maison qu'habiterait l'Empereur.

James-Town, composé d'une rue large, rue principale, et de deux autres plus courtes, forme un Y. Il n'y a guère plus de soixante maisons. Elles sont bâties à l'anglaise et meublées suivant l'usage des colonies.

On aurait dû, ce me semble, loger l'Empereur au *château*, grand bâtiment fort commode; mais l'amiral s'y établit, ce qui nous parut une inconvenance.

En conséquence, le grand maréchal disposa les logements dans la maison Portions, qui était beaucoup trop petite pour nous, et, le soir même, nous descendions à terre. C'était une grande jouissance et dont je sentis tout le prix après deux mois et dix jours de traversée.

L'Empereur se trouva fort mal casé. Les fenêtres du salon, au rez-de-chaussée, furent à l'instant encombrées de curieux, ce qui lui déplut fort. Cependant il coucha dans le logement qui lui était préparé.

XV

La maison Portions.

Le lendemain, 18 octobre, anniversaire de la première journée de Leipzig, il monta à cheval de grand matin, accompagné de l'amiral, pour aller voir Longwood, maison de campagne du lieutenant-gouverneur de la Compagnie.

Cette maison que l'on nous destinait, suffisante pour une famille, n'était pas assez grande pour nous et il fallait deux mois pour la mettre en état d'y recevoir l'Empereur. Il s'était exprimé sur la déplaisance qu'il éprouvait à rester en ville aussi mal logé, lorsque, en descendant de Longwood, qui est à 5 milles de James-Town, il aperçut une petite habitation nommée *les Briars* (1); il s'informa à qui elle était. On lui dit qu'elle était occupée par la famille Balcomb. Il témoigna le désir de la visiter et l'amiral s'empressa de l'y conduire. Il y avait un

---

The Briars, les Ronces.

pavillon séparé qui se composait d'une seule grande pièce et de deux petites chambres au-dessus. L'Empereur demanda à y camper. On eut beau lui objecter que c'était beaucoup trop petit pour lui, rien ne put le faire renoncer à sa fantaisie. L'amiral s'y prêta et le bivouac fut établi à l'instant même. M. Marchand seul pouvait y recevoir place.

Nous fûmes fort étonnés en apprenant cette résolution soudaine; nous restions tous forcément en ville, ainsi que le domestique, cuisine, etc. *Les Briars* ne sont qu'à un quart de lieue de James-Town; on ne peut y aller qu'à cheval, comme dans toute l'île. Il fut décidé que l'on porterait à déjeuner et à dîner à l'Empereur.

L'amiral mit à la disposition du grand maréchal tout ce qui était nécessaire pour les transports qui eurent lieu le même jour. Le service se faisait dans de grands paniers. Il y avait dans le jardin des *Briars* une espèce d'abri; on y établit ce qu'il fallait pour dresser fourneaux, boules, cloches, etc.

Le grand maréchal put s'apercevoir alors que la facilité qu'il avait mise à se contenter, pour l'Empereur, de la première maison venue mise à sa disposition, avait déplu. En effet, elle n'était pas convenable, surtout lorsqu'il y avait le château où l'Empereur aurait été très bien. Ce ne fut pas tout, ce bivouac dérangeait le service; les gens de l'Empereur se plaignaient de ne plus recevoir d'ordre du grand maréchal et venaient en demander au général Montholon, qui ne pouvait en donner. Enfin tout, pour le moment, allait de travers.

Pour nous, nous étions bien servis quant à la table, puisque nous avions la cuisine à la maison; mais l'Empereur l'était inévitablement fort mal.

On sait combien il était sobre et peu sensible au plaisir de la bonne chère; cependant, pour de certaines choses, malgré la simplicité de ses goûts, il était assez difficile.

Ainsi, par exemple, il tenait à la soupe, à ce qu'elle fût chaude, et, à ce sujet, il disait que les prisonniers, qui supportaient les plus grandes privations, cédaient toujours à celle de recevoir la soupe absolument froide.

Un jour, il arriva justement qu'à son dîner, elle ne fut pas servie chaude, ce qui était assez simple avec l'arrangement de la faire venir de la ville; il prit de l'humeur, gronda. Son service se plaignit alors qu'il ne recevait pas d'ordre. Le résultat de cet incident fut que les domestiques désertèrent notre maison Portions sans prendre d'ordre du grand maréchal; cuisinier, maître d'hôtel, chef d'office se rendirent aux *Briars* et bivouaquèrent autour du pavillon.

Le 31, l'amiral fit dresser une tente; elle était attenante à la chambre de l'Empereur et lui servit de salle à manger. L'Empereur fit demander M. de Las-Cases, qui prit la chambre de M. Marchand, et celui-ci s'arrangea comme il put.

Le grand maréchal, le général Gourgaud et le général Montholon, alternativement, allaient tous les matins aux *Briars*. L'Empereur dictait un peu et se promenait dans le petit jardin des Balcomb, surtout dans une espèce d'avenue qui conduisait à la maison.

Pour nous, on nous avait procuré un cuisinier qui nous faisait faire la plus mauvaise chère possible.

Nous déjeunions tous ensemble, et ces messieurs partaient après le déjeuner.

Nous voyions assez de monde en ville. Le lieutenant-gouverneur colonel Skelton et sa femme, qui y étaient alors établis, nous donnèrent un dîner bien servi.

Nous voyions chaque jour l'amiral, son secrétaire le colonel Bingham, excellent homme, le docteur Warden, le docteur O'Meara, le capitaine Hamilton, de la *Havane*, d'autres capitaines de la flotte, plusieurs des officiers de marine et de terre, et les notabilités de l'île. La fille de la maison, miss Portions, nous présenta une de ses amies, miss Kneips, la plus jolie personne que l'on puisse voir : grande, blonde, d'une belle taille, figure polonaise; sa fraîcheur, sa beauté l'avaient fait surnommer à juste titre : *Bouton de rose*. On ne l'appelait pas autrement. Sa mère était veuve d'un officier de la Compagnie et vivait là de quelque modique pension. Nous eûmes occasion de remarquer que les jeunes personnes de l'île avaient de très beaux cheveux, ce que l'on attribue à l'air de la mer.

Je passais alors beaucoup de temps seule. En arrivant à terre, j'avais été très souffrante par suite de la traversée; mon fils l'avait très bien supportée.

Ma chambre donnait sur le jardin de la Compagnie. J'avais sous mes fenêtres des bananiers et ces deux palmiers dont la vue m'avait frappée en arrivant dans le port; au delà, je voyais la mer.

Cette nature différente de notre Europe, ces noirs, ces Chinois, cette couleur locale et des colonies, tout cela me charmait.

Il faisait excessivement chaud. La température, dans cette vallée, s'élève à l'ombre à 80° (de *Fahrenheit*), ce qui fait environ 35° de Réaumur.

Le port est situé au nord-est et se trouve abrité de tout vent par les montagnes qui l'environnent de trois côtés, et la chaleur s'y concentre; on nous disait qu'il faisait presque aussi chaud que dans l'Inde.

Ma chambre n'était meublée que de fauteuils de canne; il y faisait une chaleur affreuse. Au lieu de rideaux, des paillassons chinois à figures étaient posés aux fenêtres pour garantir du soleil; mais il n'importe, tout me plaisait. Je lisais beaucoup, nous nous promenions dans la rue, et notre distraction était d'entrer dans la seule boutique de la ville, chez le juif Salomon, qui alors n'avait rien.

Pour donner une idée de l'isolement de l'île

avant notre arrivée, on saura que, depuis deux mois, on ne trouvait pas une épingle à acheter; les dames étaient obligées de coudre leurs robes pour en remplacer l'usage.

L'amiral nous donna quelques dîners fort bien servis. Il avait mis grand soin et grande activité à envoyer à Benguéla, sur la côte d'Afrique, au Brésil et au Cap, pour en ramener des bœufs, de la farine et toutes sortes d'approvisionnements. L'île n'offre de ressource qu'en volailles, que l'on y élève pour fournir les vaisseaux lors du passage annuel de la flotte des Indes et de la Chine. On avait apporté beaucoup de tout ce qui se conserve en épiceries anglaises; enfin, on pouvait s'en tirer avec de bons cuisiniers. Pour nous, Mme Portions, qui avait la direction de notre table, nous faisait faire pauvre chère.

On comprend la peine que donnait la fourniture des vivres nécessaires pour la table de l'Empereur et la nôtre, et l'accroissement qui se trouvait dans la consommation par notre arrivée, équipages des vaisseaux, troupes de terre, en ce pays où l'on ne tue un bœuf que par l'ordre du gouverneur.

Le bétail souffrait beaucoup de la traversée de la côte d'Afrique à Sainte-Hélène, il était en mer trois semaines; on le mettait en pâture, mais il n'en devenait pas plus gros.

Comme il n'y a pas de moulin dans l'île, on transportait du Brésil le blé en farine; elle prenait un mauvais goût à fond de cale et arrivait plus ou moins avariée. Il en résultait que nous avions toujours du mauvais pain. L'Empereur disait que c'était une grande privation pour des Français, et c'en était une grande pour lui.

XVI

« Les Briars ».

Il y avait déjà quelques jours qu'il était établi aux *Briars*. J'étais souffrante, et je n'avais pu aller encore le voir (1). M. de Las-Cases m'en fit le reproche et me dit que l'Empereur s'en étonnait. M. de Montholon m'apprit aussi alors qu'il lui en avait parlé, et il fut décidé que j'irais le lendemain. Je m'y rendis à cheval. Mon mari, qui était venu me chercher pour m'y conduire, me prévint que j'y dînerais. M. Balcomb avait mis sa maison à notre disposition pour que nous puissions changer de toilette.

En arrivant, nous trouvâmes l'Empereur dans l'avenue; il s'y promenait avec plusieurs personnes. Nous mîmes pied à terre, et le premier mot qu'il m'adressa fut que j'avais bien tardé à venir; je m'en excusai sur ma santé.

---

(1) Mme de Montholon était alors très souffrante, au début d'une grossesse. — Du C.

Après quelques tours d'allée, il se dirigea vers le pavillon et, en entrant dans la chambre, seule pièce qui composait tout son appartement : « *Voilà, Madame*, me dit-il, *mon salon, ma*

Napoléon et Mlles Balcomb aux *Briars*.

chambre à coucher, mon cabinet de travail, etc., etc., » et plaisanta sur son campement improvisé, fort gaiement et de fort bonne grâce. Il voulut que je lui donnasse des détails sur la manière dont nous passions notre temps en ville et sur les personnes que nous y voyions, et, me parlant de sa position, il me fit quelques plaintes de l'amiral. Comme je cherchais à le calmer sur le sujet présent de son mécontentement, ne prévoyant que trop que ces querelles seraient fâcheuses, il me dit en riant que j'étais la favorite de l'amiral et que c'était pour cela que je le défendais. Il m'engagea aussi à entretenir des relations avec la famille Balcomb, dont il parut content : « *Ce sont de bonnes gens,* » furent ses expressions. Après une assez longue conversation, il me dit de revenir souvent, puisque je ne craignais point de monter à cheval, et il me permit d'aller quitter mon amazone; il me fit voir les alentours de son habitation et le jardin. On y avait établi le bivouac de cuisine et d'office du service de l'Empereur et j'y vis chacun à son poste.

La maison est petite, bien arrangée; située sur la hauteur, elle domine la vallée de James-Town, la ville et la mer. A quelques pas de l'habitation se trouve une cascade, dite des Briars; la chute d'eau est de peu de volume, mais abondante. Elle fournit de très bonne eau aux vaisseaux qui reviennent de l'Inde et de la Chine. Cette source offre la particularité d'augmenter dans la sécheresse. Dans les moments où elle a le plus de volume, elle est toujours enveloppée par la vase qu'elle détache, ce qui nuit à son effet. Un jardin cultivé au milieu de ce site sévère formait un contraste bizarre et agréable; c'était la civilisation au désert.

La famille des *Briars* se composait de M. et de Mme Balcomb et de leurs deux filles. M. Balcomb ne parlait qu'anglais. On disait que les liens du sang l'attachaient à la famille royale d'Angleterre. Le fait est qu'il a toujours été protégé par le Gouvernement, qui lui a donné des places lucratives; mais il n'a jamais su faire fortune. Mme Balcomb était une excellente femme, de bonnes manières; elle ne savait guère plus de français que son mari; on voyait que sa santé était usée par le climat. Jane, l'aînée des filles, avait seize ans; la seconde, Betzy (1), n'en avait que quatorze et en paraissait dix-huit : petite, assez jolie, blonde,

(1) Betzy Balcomb (*mistress Abell*) a laissé des *Souvenirs* fort intéressants sur le séjour de l'Empereur aux *Briars*. Une nouvelle traduction vient d'en être publiée par MM. Grasilier et Le Gras (Plon, in-18, 1898).

espiègle, aux yeux de chat. Elevée comme une petite sauvage, elle ne se doutait de rien de ce qui est usage du monde et se trouvait aussi à

Napoléon jouant au piquet avec Betzy Balcomb.

son aise avec l'Empereur qu'avec le plus simple officier de l'île, parlant à tort et à travers sans la moindre timidité; son étourderie, sa vivacité amusaient beaucoup l'Empereur. L'aînée était plus posée, brune et moins bien au physique

que l'autre. Les deux sœurs parlaient français; ce fut une grande ressource pour l'Empereur, et fort utile. Cette famille était aux petits soins pour lui et enchantée de la simplicité de ses manières et de sa bonté.

Je retournai au pavillon. On dîna aux lumières; il y avait le général Bertrand, le général Gourgaud et mon mari. L'Empereur, pendant le dîner, parla beaucoup de Longwood dont on poussait les travaux, de la manière dont nous y passerions le temps. Il fut aimable et je trouvai sa conversation remplie de grâce. Au dessert, il nous fit la lecture d'une tragédie; il me demanda celle qu'il me plaisait le plus d'entendre et finit par choisir *Zaïre*. Il ne lisait pas d'une manière remarquable, mais sa lecture l'intéressait; il s'arrêtait sur ce qui lui paraissait faux ou juste; il motivait son avis avec le sentiment du vrai et du beau. Je l'écoutais attentivement et sa conversation me charmait. On a beaucoup dit qu'il n'avait pas le goût de la littérature : il l'avait au contraire extrêmement; mais, pendant son règne, d'autres intérêts lui ôtaient le temps de s'en occuper.

Il était tard lorsque je quittai *les Briars*,

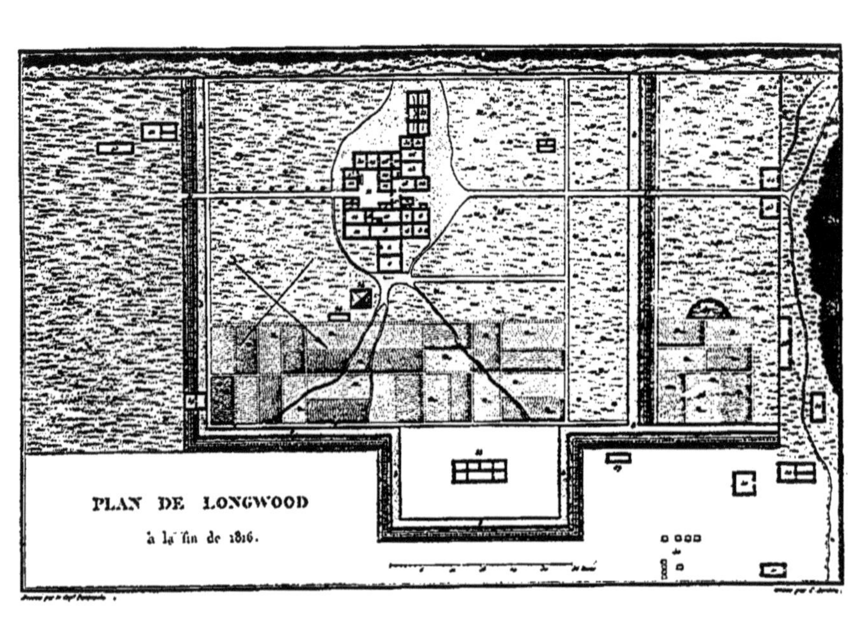
PLAN DE LONGWOOD
à la fin de 1816.

au moins onze heures. Je revins chez les Balcomb pour remettre mon habit de cheval. La famille était déjà retirée. Je me déshabillai dans la chambre des jeunes personnes; elles étaient au lit : Betzy partageait le sien avec la petite Young-Husband qui était venue lui faire visite. Je me déshabillai et, pendant ce temps, Betzy disait cent folies, comme une jeune fille mal élevée.

Puis nous rentrâmes à la ville. Cette course me parut fort agréable; dans ce climat, les nuits sont si belles! Le chemin descendait en pente raide et était tout couvert de pierres roulantes qui tombaient incessamment de la montagne.

Je retournai plusieurs fois aux *Briars*, jusqu'au moment où nous fûmes à Longwood.

Le 31 octobre, l'amiral fit dresser une tente attenante au pavillon qu'occupait l'Empereur, qui en fit sa salle à manger et son cabinet de travail.

Dès les premiers jours de l'établissement, l'amiral lui avait envoyé des chevaux. Le 10 novembre, l'Empereur, mécontent de l'amiral, les lui fit renvoyer.

Le 12 novembre, M. Balcomb donna à dîner aux officiers de l'Empereur et à plusieurs Anglais.

Le 14, il y eut bal chez le gouverneur. La famille Balcomb dîna chez l'Empereur; au dessert, il fit venir sa porcelaine pour la faire voir aux jeunes personnes; elles l'admirèrent beaucoup.

Le 17, on prévint les Français que l'on ne pourrait rentrer en ville, passé huit heures du soir, sans avoir le mot d'ordre.

Le 20 novembre, l'amiral donna un bal à la colonie. De tous les coins de l'île arrivèrent de jolies personnes en robe blanche et corset rose. De beaux cheveux, leur fraîcheur et leur âge les dispensaient d'avoir besoin de parure. La famille Wilkes, quelques femmes d'officiers de la Compagnie, enfin tout ce qu'il y avait de notabilités de terre et de mer y parut. Les hommes étaient en uniforme, les femmes bien mises; la salle où l'on dansait était très grande, bien aérée par des fenêtres de chaque côté; ce fut fort joli. Mme Bertrand y vint bien mise. Je me trouvai, je ne sais comment, une robe de bal et une parure d'émeraudes entourée de diamants qui fit un effet merveilleux; je dansai et m'amusai beaucoup.

Quand je retournai aux *Briars*, l'Empereur voulut avoir des détails sur le bal et sur nos toilettes; il savait déjà que nous y avions été élégamment mises et il en était bien aise. Il s'amusait beaucoup de ces détails. Je n'ai jamais vu personne avoir l'esprit plus présent à tout et s'intéressant plus à la vie réelle; rien ne lui échappait et il se ressouvenait des moindres petites choses. Cette disposition naturelle mettait beaucoup de facilité dans l'habitude de la vie et en ôtait toute gêne.

J'ai dit que j'avais amené une femme de chambre française. Comme elle partageait son service entre moi et mon fils, je fus obligée de chercher une seconde femme. Il était difficile de trouver de bons domestiques, une femme surtout; on nous avait prévenus que les négresses, les mulâtresses étaient en général d'une très mauvaise conduite; on me présenta une jeune personne blanche, fille d'un soldat de la Compagnie et qui n'avait jamais quitté son père, vieux soldat retiré. Sa figure charmante prévenait en sa faveur; je l'arrêtai de suite. On la nommait Esther. J'aurai occasion d'en reparler. Nous prîmes aussi un valet de chambre anglais; mais nous ne pûmes le garder que peu de temps.

Cependant les travaux de Longwood s'avançaient. La maison était à peine prête à nous recevoir, que l'Empereur, ennuyé de son campement, témoigna le désir d'y aller de suite.

Un matin, il décida avec l'amiral que le grand maréchal logerait à Hutsgate, en attendant qu'on lui eût fait un logement à Longwood; que nous, qui n'avions qu'un enfant, nous logerions avec lui et que M. de Montholon mènerait la maison.

Il dicta les ordres de départ, de logement, et nous reçûmes l'ordre d'aller l'attendre à Longwood, où il arriverait quelques heures après.

Pour s'y rendre de James-Town autrement qu'à cheval, il faut trois heures, pendant lesquelles on monte toujours. J'avais à transporter mon enfant, mes bagages, et j'y fus en voiture attelée de bœufs pour monter la montagne. Je n'avais pas encore vu Longwood et l'on peut croire avec quel intérêt je m'approchais d'un lieu où nous devions passer un temps indéterminé et dans une telle position!

Le temps était sombre, il pleuvait sur la montagne, ce qui donnait à cette nature, déjà si sévère, un aspect encore plus triste.

Avant d'arriver à la porte d'entrée, la route se trouve resserrée entre la montagne et un précipice profond, appelé à juste titre « le Bol de punch du Diable » ; et, en effet, il a cette forme.

XVII

Installation a Longwood.
Description de l'île.

La porte de Longwood, qui se trouve bien loin de l'habitation, se présentait fort garnie de soldats, ce qui ne me plut guère. Les sentinelles étaient placées à distance, tout enfin sentait la prison d'une lieue.

Je pris possession de mon appartement : c'était une grande pièce attenant à la salle à manger; de plus, un cabinet et une petite antichambre.

L'Empereur arriva peu après nous, à cheval; nous allâmes au-devant de lui. Il visita d'abord la maison, et chacun fut chez soi se préparer pour le dîner.

Mais avant de parler de Longwood, je dirai quelques mots de l'île, que je n'ai pas encore décrite.

Elle fut découverte par les Portugais le 18 août,

jour de la fête de Sainte-Hélène, d'où elle prit son nom, il y a deux cents ans. Elle est située à 15°,55' de latitude sud et à 5°,49' de longitude ouest de Greenwich, distante de la côte d'Afrique de 900 lieues, et de celle du Brésil de 1,300.

Sa plus grande longueur est de 10 milles 1/2, et sa plus grande largeur, de 6 milles 3/4 ; sa circonférence est de 28 milles anglais, et sa superficie, de 30,300 acres.

La ville, port de James-Town, est située au nord-ouest, entre deux hautes montagnes, celle de Ladder-Hill à l'ouest et celle de Rappert à l'est.

L'ancrage y est sûr et de 8 à 25 brasses ; il peut être pris à la longueur d'un câble du rivage. La population, quand nous sommes arrivés, n'était guère que de 1,500 âmes, dont 500 noirs ou mulâtres, 500 hommes de garnison et 500 colons.

Cette île est une production volcanique ; ses flancs et ses montagnes, dans de certaines directions, sont sillonnés profondément par les pluies et régulièrement, comme si la charrue y avait passé.

Napoléon dans le jardin de Longwood.

La nature de la terre est calcaire (1), les vallées y sont étroites, les montagnes élevées; l'île est divisée inégalement par une chaîne de hautes montagnes, de l'est à l'ouest, dans une direction courbée, qui s'incline au sud à chaque extrémité. Des ramifications formant des vallées se détachent dans diverses directions, mais surtout du nord au midi. Le point culminant de l'île est *Diana's Pick*; il se trouve à l'extrémité orientale de la chaîne principale et s'élève à près de 2,700 pieds au-dessus du niveau de la mer. Les autres pics sont : *Cuckold's Point*..., 2,672 pieds; *Hulley's Point*..., 2,467. Ces pics, avec celui de Diana, font partie de la même chaîne et sont presque toujours cachés par les nuages. — Puis : *Flog's Stoff*, 2,272 pieds; *Ahebrun*..., qui penche sur la mer, 2,015 pieds; *Allarm House*, situé au centre, 1,960 pieds; *High Knolt*, au midi de Ladder-Hill, 1,903 pieds; *Longwood House*, où nous étions, 1,762 pieds.

---

(1) Ceci paraît en contradiction avec ce qui est dit au précédent paragraphe, que cette île est une production volcanique, ce qui donne à penser que le sol est granitique. — Du C.

Les hauteurs sont boisées par le *cobbaye* de l'île (c'est un bois de charpente), le *réil wovel*, espèce d'ébénier, le *string wovel*, et aussi par le *dog wovel* et autres arbres et arbustes indigènes : l'arbre à gomme, dont il y a trois espèces, le commun, le bâtard et le nain, qui ne s'élève qu'à 3 pieds; sa fleur, ainsi que celle du commun, ressemble à la marguerite; la feuille du bâtard est plus douce, son écorce est moins gommeuse que celle des autres, ses fleurs forment de petits bouquets. La gomme sort du tronc de l'arbre; elle est abondante, aromatique, elle s'épanche en liquide d'une saveur douce; pour l'obtenir, on pose une bouteille qui la reçoit et se trouve remplie en une nuit. Ce bois est bon aussi pour bâtir, mais doit être préservé de l'eau.

Dans les endroits où la terre est végétale, on peut cultiver avec succès les produits de l'Europe et de l'Amérique.

Le gouvernement anglais a cédé l'île, en 17..., à la Compagnie des Indes qui en retire une grande utilité pour la relâche des vaisseaux revenant des Indes et de la Chine, ce qui évite d'aller relâcher au Cap, qui mérite toujours son premier nom de *cap des Tempêtes*, changé depuis en celui de *Bonne-Espérance*. Entre le Cap et Sainte-Hélène, la mer est terrible et la navigation dangereuse. Il faut trois semaines pour faire le trajet de Sainte-Hélène au Cap et seulement neuf jours pour le retour, à cause des vents alizés du sud.

La Compagnie admet pour les travaux de la colonie des Tartares chinois que les vaisseaux prennent en contrebande sur le rivage de la Chine. Ils viennent y amasser quelque argent à son service où ils sont bien payés, à raison d'un shelling par jour et nourris.

Lors de notre arrivée, on en fit venir 900. Ils viennent sans femme et ont un campement à part. Leur propre chef est soumis à un supérieur pris dans la Compagnie. Ils font leur cuisine et ne mangeraient rien qui fût préparé par des étrangers; ils ne savent pas un mot d'anglais, mais ils sont fort intelligents et servent pour toute espèce de travaux au jardin et comme domestiques. Ils sont un peu voleurs et aiment le vin. Leur ivresse est dangereuse; dans cet état, ils poursuivraient, un couteau à la main, celui qui les y exciterait par quelque querelle. Ainsi que nos Savoyards, lorsqu'ils ont amassé quelque argent, ils retournent dans leur pays; on les y dépose sur la côte.

Leur gouvernement ne permet pas leur émigration; si on la connaissait, ils en seraient punis.

Les colons se recrutent parmi les personnes attachées à la Compagnie, qui se marient et s'établissent là. Dans l'isolement de la mère patrie et de toute communication autre que celle du retour annuel de la flotte des Indes, ils sont d'une ignorance qui passe toute imagination; il n'y a aucune ressource d'éducation pour l'un ou l'autre sexe.

On oblige les noirs à envoyer leurs enfants à l'église. Lorsque j'étais en ville, des fenêtres du salon, je les voyais s'y rendre; ils étaient habillés proprement, mais on exige qu'ils restent pieds nus, pour les distinguer des blancs et les entretenir dans la soumission. Ces pieds nus formaient un triste contraste avec la robe de mousseline et la ceinture de soie que portaient les filles.

Moins malheureux que dans les autres colonies, ces noirs de l'île étaient cependant encore soumis à une autorité toute exceptionnelle et fort despotique. Ceux qui appartenaient aux particuliers avaient pourtant, en cas de punition, droit d'appel au conseil de l'île, établi sous la direction du gouverneur.

Ce conseil se composait : du gouverneur, président, du lieutenant-gouverneur et de trois conseillers, choisis par la Compagnie des Indes, parmi les plus notables, et nommés par le Roi.

Les punitions exercées contre eux sont : la prison, l'exil à l'Ascension (à 500 lieues de Sainte-Hélène) et les coups de corde; mais, en général, ils sont traités doucement.

Les colons mangent peu de viande fraîche; on ne peut tuer de bœuf ou autres bestiaux servant à la consommation qu'avec la permission du gouverneur, et c'est lui qui en autorise les distributions sur demande des intéressés.

On élève abondamment de la volaille : dindes, canards, poulets, et aussi des cochons de lait; mais tous ces vivres y sont d'une cherté extrême : une dinde coûtait 24 francs et le reste à l'avenant.

Les légumes et les fruits que l'on cultive ne

sont pas bons. Il y a des petites pêches d'une espèce dure et de couleur jaune. Nous n'avions aucun de nos beaux fruits d'Europe ni de ceux de l'Amérique, ce qui eût été un dédommagement. Les orangers viennent hauts comme de vrais arbres, mais les oranges n'en sont pas bonnes.

Cependant, tout viendrait sous ce climat; mais le jardin de la Compagnie, qui aurait dû être le modèle de la culture, était loin d'avoir atteint quelque perfection; il servait à faire des essais qui, en général, réussissaient, mais l'on en restait là. L'eau ne manque pas, elle demande seulement à être rassemblée et dirigée, ce qui est, je le sais, un grand travail. Il sort de chaque montagne des sources de belle eau; il faudrait les capter, les rassembler et assurer un courant régulier aux petits ruisseaux qu'elles forment. Il n'y a point de belles cascades, excepté celles de Fisher et celle des Briars.

Une particularité qu'offre cette île, c'est que l'on n'y entend jamais tonner et que l'on n'y voit pas même d'éclairs. J'ai pourtant observé que l'on a entendu tonner le jour de la mort de l'Empereur.

Les habitations sont espacées sur toute l'île; il y en a quelques-unes d'assez jolies, petites et sans aucune espèce de confort.

Le gouverneur peut habiter le château ou la ville; il préfère avec raison Plantation-House. Cette habitation est située sur la hauteur du côté sud-ouest de l'île et n'est qu'à 3 milles du port de James-Town; la maison est distribuée convenablement, ce serait partout une résidence agréable.

A Plantation, ainsi qu'à Longwood, le thermomètre ne s'élève en été qu'à 72° Fahrenheit, et en hiver à 55°. De ce côté de l'île, il y a beaucoup de végétation, de hauts bois; le chêne y vient à côté de l'oranger arbre. Il y a aussi un jardin cultivé et des serres : entouré de montagnes, l'on domine la mer. La famille Wilkes s'y plaisait beaucoup et préférait y vivre qu'en Angleterre. C'est cette habitation que l'on aurait dû donner à l'Empereur, au lieu de Longwood, situé du côté opposé, où il manque de terre végétale et où il ne vient rien.

Les raisons que l'on donnait pour motiver un tel manque de convenances étaient que, de ce côté-là, il eût été plus difficile de bien garder et que les Français auraient pu prendre connaissance des fortifications de Ladder-Hill. Je crois que la vraie raison était tout simplement que c'était la meilleure maison de l'île et que sir Hudson Lowe, successeur de M. Wilkes, préféra la garder pour lui-même. L'amiral ne s'y était pas établi, lorsqu'il remplaça provisoirement le colonel Wilkes, qui retourna en Angleterre parce que l'arrivée de l'Empereur avait obligé le Gouvernement à reprendre en main l'administration de l'île.

Longwood est situé du côté nord-est de l'île, sur un plateau élevé de 1,762 pieds au-dessus du niveau de la mer. Ce plateau, qui a environ 1,500 acres (1) de superficie, est entièrement couvert de gommiers (*gumistree*) et domine la mer; on la voit du côté du Levant sans obstacle; un des revers tombe à pic, mais à distance. Le gommier, à feuilles rares et courtes, ne donne point d'ombre et il ne vient pas très haut, et pousse chaque arbre à distance de ses voisins comme les plantations d'un verger. Le

(1) L'acre équivaut à environ 50 ares. — Du C.

vent du sud-est (alizé du sud) qui souffle incessamment, venant du Cap et sans que rien en préserve, courbe cet arbre qui pousse ainsi (1). Je ne puis mieux le comparer qu'à ces arbres de plomb que l'on fait pour les enfants. C'était là notre bois de Boulogne !

Autour de la maison, nous avions un jardin partiellement ombragé par de grands et beaux arbres formant une allée de ceinture ; le reste en plein soleil et en plein vent ; l'herbe des gazons était toujours jaune. Une haie d'aloès, dont les tiges s'élevaient comme une rangée de piques, formait l'enceinte du côté de la porte d'entrée principale.

C'était à grand'peine que l'on parvenait à faire venir quelques légumes dans ce terrain privé de terre végétale ; néanmoins, quelque aride qu'il fût, il y a sous ces latitudes une telle force de végétation, que l'on pouvait transplanter de grands arbres sans qu'ils périssent, et l'on fit de cette manière des plantations dans un des petits jardins attenant à

(1) Par exemple, comme il arrive dans la vallée du bas Rhône et dans les plaines de la Crau, où le mistral incline aussi tous les arbres. -- Du C.

l'appartement de l'Empereur. Cet emplacement formait deux parterres.

La maison se composait d'un rez-de-chaussée assez grand pour une famille; mais, pour nous y recevoir, il avait fallu y ajouter des logements. On avait construit à la hâte et fort mal ceux de M. de Las-Cases et du général Gourgaud. Le docteur O'Meara et le capitaine Popleton, qui était à poste fixe à Longwood, logeaient dans les attenances, en retour après les cuisines.

A bonne distance de la maison était placé le corps de garde dont j'ai parlé. Le camp avait été établi dès notre arrivée sur le même plateau, à un quart de lieue de Longwood, sur le champ de Deudword.

Pendant le jour, les sentinelles étaient placées hors de notre vue, excepté une dont la guérite restait sur le revers qui tombe dans la vallée au-dessous de Longwood. Nous l'avions nommée vallée de la Nymphe, en l'honneur d'une jolie personne qui y vivait auprès de son père dans une modeste case (1).

---

(1) Miss Robinson; elle a épousé un officier anglais qui l'a emmenée dans l'Inde. — N. de l'A.

Un coup de canon nous annonçait le coucher du soleil; on plaçait alors les gardes autour du jardin, assez loin encore de la maison, et, à neuf heures, elles venaient l'entourer tout à fait sous les fenêtres.

Le climat de Longwood est très désagréable, humide et excessivement variable. Ce côté de l'île est exposé, je le répète, au vent du sud-est qui y souffle incessamment, et les deux périodes des pluies, au printemps et à l'automne, sont très malsaines. A peine arrivés, il nous fut facile de comprendre que ce n'était pas plus *pour le ménagement de notre santé que pour celui de la liberté dont l'Empereur devait y jouir,* que Sainte-Hélène avait été choisie par le cabinet anglais, ainsi que nous l'avait dit l'amiral Keith.

Le temps des pluies nous révéla bientôt le danger de ces latitudes. La dysenterie fit des ravages dans le camp et nous gagna, malgré les ceintures de flanelle que les médecins nous conseillèrent de porter et qu'ils firent prendre à toute la troupe. Les sentinelles qui passaient la nuit dehors étaient par cela même beaucoup plus exposées à cette maligne influence, et la mortalité fut grande; l'air de la nuit est bien dangereux sous les tropiques.

Nos docteurs nous prescrivaient aussi de ne jamais nous asseoir sur les gazons, quelque secs et desséchés qu'ils fussent; dans ce climat, les maladies deviennent promptement inflammatoires, un léger refroidissement peut être mortel et vous enlever en trois jours. L'extrême chaleur des endroits abrités du vent et la transition subite que l'on éprouve forcément par les accidents du terrain, qui obligent à contourner continuellement les montagnes, sont un danger constant et inévitable.

D'ailleurs, l'habitation de Longwood ne pouvait pas être saine. Elle se composait d'un rez-de-chaussée sans cave; aussi toutes les pièces étaient-elles plus ou moins humides et celles du nord inhabitables par cet inconvénient.

Le cabinet attenant à ma chambre était tellement humide que je m'aperçus, peu de temps après mon arrivée, que tout ce que j'y avais mis, bien que dans une commode, était atteint par l'humidité. On comprend que dans une île de 6 lieues de tour, dans un climat où le soleil a tant de force, nous étions constamment dans une atmosphère saturée des vapeurs de la mer. Les nuages étaient quelquefois si bas que l'on ne pouvait voir le bout du jardin.

Cet air salin et l'ardeur du soleil brûlaient tout; les étoffes de soie passaient de suite, surtout le crêpe de Chine.

Un des désagréments de ces latitudes est l'égalité constante des nuits et des jours; il n'y a ni aube, ni crépuscule; le soleil sort de la mer à six heures du matin et s'y replonge à six heures du soir, et peu après il fait nuit close; aussitôt qu'il était couché, nous ne pouvions plus sortir de l'enceinte; les sentinelles se rapprochaient et nous privaient de prolonger nos promenades du soir. On nous disait, pour nous consoler, que c'était trop heureux pour notre santé, le serein étant très dangereux; nous pouvions cependant nous promener dans le jardin jusqu'à neuf heures, mais accompagnés d'un officier anglais.

Cette restriction et le danger de l'air de la nuit nous empêchaient de sortir. Le ciel des tropiques est si beau la nuit, les étoiles si brillantes, qu'on voudrait pouvoir passer la nuit en plein air. Mais ce plaisir, c'est la mort. Pendant le jour, aussitôt que la chaleur est arrivée, il est impossible de se promener sans prendre mal à la tête; c'est du moins ce que l'Empereur a toujours éprouvé, ainsi que moi.

Ce n'était donc que de quatre à six heures, matin ou soir, que l'on pouvait sortir dans les moments les plus chauds de l'année. Ce n'est pas qu'à Longwood le thermomètre s'élevât jamais très haut : il ne dépassait pas 72° Fahrenheit ; mais la réverbération de la mer produit sur le cerveau un effet que l'on n'éprouve pas dans le midi de la France par les plus grandes chaleurs. Dans les saisons pluvieuses, il fallait faire du feu pour se garantir de l'humidité; nous brûlions du charbon de terre dans des cheminées anglaises.

L'Empereur préférait le bois; il est rare dans l'île et on n'en fournissait que pour lui seul; ainsi le matin nous étouffions, et le soir on se chauffait.

La variation de l'atmosphère était souvent de 10° Réaumur en une même journée. On peut dire que là aucune saison n'est réellement marquée, c'est une variation continuelle de température.

Les arbres ne se dépouillaient jamais de verdure, ce qui, pour nous, est une des marques de l'été et de l'hiver. Les mois de décembre et janvier sont ceux de l'été. Toute l'année et surtout dans cette saison d'été, nous étions très tourmentés par les cousins (*muskites*), dont les piqûres étaient extrêmement sensibles. On mettait des gazes aux fenêtres pour s'en garantir ; mais, quelque précautions que l'on prît, ils s'introduisaient toujours. Quand j'étais obligée de garder ma chambre dans la soirée, il m'est arrivé de me coucher pour m'en débarrasser et je lisais à travers ma cousinière.

L'Empereur, bien qu'il fût toujours en bas de soie, en souffrait peu.

On sait qu'en s'abstenant de toucher à la piqûre dans le premier moment, l'inflammation passe bientôt; il avait cette patience et nous conseillait d'user de ce moyen. Il nous était aussi très difficile de nous préserver des punaises, même avec des lits de fer; elles se mettaient dans les rideaux en soie. L'Empereur en avait en soie verte aux deux petits lits de fer que l'on avait apportés avec ses bagages. Il fallut y substituer des rideaux de mousseline. Il n'y a dans l'île aucun animal venimeux, mais, en revanche, des rats d'une grosseur énorme, et une telle quantité qu'ils dégradaient les murs, se mettaient entre les boiseries et faisaient un vacarme affreux dans notre baraque. On craignait pour les enfants qu'ils ne s'introduisissent dans les berceaux et on y veillait continuellement; enfin c'était une véritable calamité et nous n'avons jamais pu nous en débarrasser. Les Chinois seuls s'en arrangeaient en ce qu'ils les mangeaient.

Le bâtiment était vieux, à la vérité; mais, en se promenant, on voyait ces vilaines bêtes courir sur la terre, et la maison que l'on avait faite pour le général Bertrand, quoique neuve, n'en était guère plus exempte que la nôtre. Il y avait aussi de très gros lézards, mais ces animaux ne sont nullement dangereux.

A peine établi à Longwood, l'Empereur s'occupa de régler sa maison. M. de Montholon la conduisait; le service de l'écurie fut mis sous les ordres du général Gourgaud. L'Empereur, pour son service personnel, n'avait que les deux chasseurs Saint-Denis et Noverras, et un seul

NAPOLÉON

valet de pied, Gentilini, Lucquois. Ce n'était pas suffisant, ne fût-ce que pour le service de la table.

L'amiral offrit des matelots; on en prit douze; ils furent habillés à la livrée de l'Empereur et le service fut réparti entre eux. On attacha aussi à l'établissement cinquante Chinois pour l'entretien du jardin et pour le service intérieur, tant de cuisine que de chambre; il y en avait sous les ordres du cuisinier, du chef d'office et pour nos services particuliers. Les vivres étaient chaque jour apportés de la ville au maître d'hôtel Cipriani, en présence du capitaine Popleton, officier de la garde à demeure à Longwood.

Toute demande que l'on pouvait avoir à faire devait passer par lui. M. Balcomb avait la fourniture des vivres.

On peut juger combien devait coûter l'établissement de Longwood, dans une île qui, par elle-même, n'offre aucune ressource et qui est située à trois semaines de navigation des deux continents d'Afrique et d'Amérique. La dépense s'élevait, la marine et les troupes extraordinaires comprises, à 8 millions, ce qui est énorme, et nous ne pouvions être bien; et encore était-il ajouté, de l'argent de l'Empereur, 12,000 francs par mois.

L'amiral n'ayant pas voulu donner Plantation-House, comprit bientôt que Longwood ne pouvait convenir pour un long séjour, et le gouvernement anglais décida que l'on bâtirait une maison pour l'Empereur.

Il fallut envoyer les matériaux tout taillés, bois, etc.; bien que l'on s'en fût occupé aussitôt que possible, elle ne put être prête qu'au bout de trois ans et jamais l'Empereur ne l'a habitée.

En attendant, l'amiral avait fait ajouter à Longwood une longue pièce en prolongation du salon, éclairée de trois fenêtres de chaque côté et d'une porte vitrée donnant sur le jardin. Cette pièce, grande et haute, avait 11 pieds de large et 10 de haut; elle était la seule agréable de l'appartement. Elle servit d'abord de salle à manger, puis on y mit un billard, et l'Empereur, qui pouvait y marcher à son aise et suivant son habitude, en fit son cabinet de travail; on y laissa le billard. L'Empereur n'y jouait pas; seulement, en causant et par distraction, il en poussait quelquefois les billes l'une contre l'autre ou les envoyait dans les blouses.

Ce meuble lui était fort utile pour déployer ses cartes et poser ses papiers.

Lorsqu'il était habillé, il passait dans cette pièce, il y dictait et nous y recevait.

XVIII

L'Empereur à Longwood.

La vie de l'Empereur à Longwood a beaucoup varié.

Il a eu d'abord assez de peine à régler l'emploi de ses journées.

Dans les premiers temps de son arrivée dans l'île, il éprouvait une sorte d'ennui qui tenait beaucoup au climat et aussi à l'établissement si incommode des *Briars*.

Dès qu'il fut établi à Longwood, il voulut prendre l'habitude de se lever à cinq ou six heures. Il faisait appeler un de ces messieurs et montait à cheval. En rentrant, il se mettait au bain et déjeunait. On lui servait toujours une soupe que l'on variait le plus possible.

Il la prenait souvent au lait avec beaucoup d'œufs; c'était un lait de poule très sucré qu'il croyait très convenable à sa santé et surtout très rafraîchissant; puis un seul plat de viande, tel que des côtelettes, des beefsteacks, des poitrines

8.

de mouton; on y ajoutait des œufs frais, des légumes farineux, des lentilles à l'huile, qu'il aimait beaucoup. Pendant son déjeuner, il faisait venir le docteur O'Meara et causait avec lui de toutes choses, du gouverneur d'abord, puis de nos santés et de ce qu'on disait en ville; puis, suivant l'occasion et sa disposition d'humeur, il repassait les événements de sa vie, qu'amenait la conversation ou en réponse aux préventions que l'on avait eues contre lui en Angleterre, ainsi qu'on peut le voir dans le journal du docteur, si véridique et si intéressant. Avant son déjeuner, son maître d'hôtel avait pris ses ordres au moment d'aller en ville. Ce pauvre Cipriani, que nous devions perdre bientôt, était un Corse bien dévoué à l'Empereur, fin et sachant bien mettre à profit sa course quotidienne en ville pour tenir, autant que possible, au courant de ce que l'on avait intérêt à savoir. Après son entretien avec le docteur, l'Empereur causait, dictait ou lisait; quand il en avait assez, il s'habillait, s'il n'était point déjà sorti; car, dans ce cas, il déjeunait et travaillait en robe de chambre ou pendant son bain. Ce bain, qu'il prenait presque tous les jours, durait deux et quelquefois trois heures, ce qui, je crois, ne lui était pas bon. Mais il avait sur sa santé et sur ce qui lui convenait comme régime des idées particulières que rien ne pouvait lui ôter. Il croyait combattre certaine disposition dont il était quelquefois incommodé et pour laquelle les bains étaient utiles; mais il les prenait trop chauds et trop longs, ce qui l'affaiblissait. Vers trois ou quatre heures, dans les commencements, il me faisait avertir pour nous promener en calèche.

Le général Bertrand, s'il se trouvait là, et Las-Cases montaient avec nous; le général Gourgaud et M. de Montholon accompagnaient à cheval.

Nous allions de toute la vitesse des six chevaux attelés et conduits par les deux piqueurs Archambault.

Il ne fallait guère plus d'un quart d'heure pour faire à ce train le tour du plateau sur lequel on pouvait se promener; on le recommençait et l'on allait si vite, que c'était à en perdre la respiration. Il n'y avait point à varier pour ce genre de promenade, c'était toujours la même chose.

L'Empereur s'en dégoûta en raison de la monotonie de ce bois de gommiers.

Quelquefois on allait voir Mme Bertrand qui occupait alors une petite maison distante d'un

Napoléon poussant la charrue.

mille de Longwood. Pour y aller, il fallait passer par le corps de garde et sur le chemin assez étroit bordé du précipice. C'était vraiment effrayant et dangereux au train de ces six chevaux, mais nous n'y pensions pas.

Le dimanche, M. et Mme Bertrand venaient dîner à Longwood et l'Empereur était toujours fort aimable pour elle. Le grand maréchal y dînait plus souvent.

Dès les premiers jours de notre installation à Longwood, l'Empereur me faisait demander au salon pour jouer au piquet. M. de Las-Cases était là et marquait. L'Empereur voulait que nous jouassions cher, et surtout que je le payasse exactement quand je perdais, et lorsque je ne m'acquittais pas immédiatement, ce qui arrivait souvent, il me tourmentait jusqu'à ce que j'eusse apporté l'argent. Ce piquet avait lieu de deux à quatre heures et était suivi d'une conversation et d'une promenade à pied dans le jardin ; il marchait doucement, s'arrêtait en causant, et cette promenade dans la même allée durait des heures. Il aimait que l'on parlât et que l'on prouvât qu'on portait attention à la conversation, et qu'on y prenait intérêt.

Si l'on était trop fatigué, on cherchait à s'éclipser en se glissant dans une allée transversale ; mais quelque adresse que l'on mît à exécuter ce mouvement, il ne lui échappait pas, si occupé qu'il fût de sa conversation ; même lorsqu'il était plusieurs pas en avant, il s'apercevait toujours que l'on avait disparu et il ne manquait jamais de dire : « Voilà Mme de Montholon (ou un autre de nous) qui s'enfuit. »

On savait qu'il n'aimait pas ces fugues.

Il en était de même au salon ; il n'aimait pas qu'on le quittât pendant qu'il y était. J'y ai passé quelquefois des heures, soit qu'il vînt une visite ou qu'il y eût des journaux à lire. Si je sortais, il fallait que M. de Montholon lui donnât plus tard un motif plausible de ma disparition et qu'il y crût.

Cependant, aussitôt qu'il sut que j'étais grosse, il trouva tout simple que je quittasse le salon et même la table. Dans les derniers mois de ma grossesse, je me trouvais mal presque tous les jours après le dîner, et si l'on restait à table, j'étais forcée de me lever et de rentrer chez moi. Quand je le pouvais, je revenais, et il faisait semblant de ne pas s'apercevoir de ma sortie et de mon retour. Quand je ne revenais pas au bout d'un certain temps, l'Empereur se levait en disant : « Mme de Montholon ne reviendra plus, allons nous coucher. » En rentrant chez lui, il faisait appeler un de ces messieurs qu'il gardait jusqu'à minuit et quelquefois plus tard. Aussitôt qu'il entrait dans sa chambre, il sonnait son valet de chambre et se déshabillait. En arrivant à Longwood, il avait quitté son uniforme ;

mais, du reste, il était toujours, comme à son ordinaire, en frac vert, culotte blanche, gilet blanc, cravate noire, souliers à boucles, chapeau à trois cornes avec la cocarde tricolore, qu'il a gardée longtemps.

Toutes les fois que nous entrions au salon, Mme Bertrand et moi, il ne manquait jamais de se soulever de son siège et d'ôter son chapeau qu'il gardait dans le salon. Il nous a constamment rendu beaucoup de politesses et a toujours exigé que l'on nous en rendît.

Tout le temps que nous étions en couches ou malades, il venait régulièrement chaque jour nous voir. Il amenait ceux de nous qui étaient avec lui; il s'asseyait près du lit et causait quelques instants. Quand nous étions malades, il envoyait continuellement ses gens savoir de nos nouvelles. Mme Bertrand logeait à Hutsgate, lors de ma première couche (1); elle venait me voir chaque jour, et l'Empereur aurait été très fâché si nous ne nous étions pas rendus mutuellement ces soins de sœurs. Il m'engageait toujours à me soigner et à ne pas

(1) 18 juin 1816.

sortir trop tôt ; mais, dès le lendemain de ma première visite, il me fallut reprendre le train ordinaire. En passant sous ma fenêtre, il m'engagea à me promener ; j'y fus, et il me tint deux heures dans le jardin. Ce jardin nous tuait tous de fatigue dans les commencements de notre établissement à Longwood.

Avant le dîner, il ne faisait pas asseoir ces messieurs ; ils étaient quelquefois près de se trouver mal. Le général Gourgaud s'appuyait contre la porte : je l'ai vu pâlir en regardant la partie d'échecs.

L'Empereur ne jouait pas très bien ; il voulait que l'on jouât si vite, qu'on en était étourdi ; aussi faisait-il parfois des fausses marches et l'on ne manquait pas de l'en avertir. Alors il disait : « *Ah! je suis donc un tricheur? Bertrand* (ou un autre), *dit que je suis un tricheur.* »

Quelquefois, il établissait pièce touchée, pièce jouée, mais c'était seulement pour son adversaire ; pour lui, c'était différent. Il avait toujours une bonne raison pour que cela ne comptât point, et si on lui en faisait l'observation, il riait. La partie d'échecs menait jusqu'au dîner, fixé à huit heures.

Napoléon dictant ses Mémoires à Gourgaud.

Le dîner n'était pas long. Dans les commencements, nous n'avions pas le temps de manger; par la suite, il devint ce qu'il devait être.

Depuis notre établissement à Longwood, je voyais l'Empereur et l'entendais avec un intérêt qui s'accroissait chaque jour de toute l'admiration et de tout l'attachement que son caractère, son génie, tout en lui, enfin, inspirait. S'il est vrai, en général, que les rois, comme les montagnes, soient bons à voir à distance, il n'en était pas ainsi de lui; plus on le voyait, plus on l'aimait. Tous ses compagnons d'exil lui rendent ce témoignage.

Nous étions au moment des pluies; le temps sur notre plateau était désagréable et humide; on passait beaucoup de temps au salon. L'Empereur cherchait à arranger sa journée de la manière qui ferait le mieux passer le temps.

Souvent après le dîner, au lieu de rentrer au salon, on renvoyait les domestiques; il demandait alors un livre et lisait haut ou causait; les jours de causerie m'amusaient beaucoup plus que ceux de lecture. Alors, suivant le sujet amené par la conversation et tout à fait au hasard, il faisait passer devant nous le tableau de sa vie ; quelquefois, c'étaient les premiers temps, et c'était avec une grande naïveté d'expressions. Pour en donner une idée, je prendrai au hasard une anecdote.

« *Pendant que j'étais officier d'artillerie en garnison à Auxonne, tenez* (se tournant vers moi), *avec Rolland* (1), *votre parent, Mabille, Malais, mon jeune frère Louis me fut envoyé par ma mère. Comme je n'avais que ma paie, c'était pour moi un grand surcroît de dépenses. Je voulais qu'il dinât avec moi à la table des officiers, et pour cela j'étais obligé de me priver du déjeuner, comme je le faisais ordinairement, et de me contenter d'un petit pain et d'une tasse de café. Je tenais cela de Madame*, ajoutait-il : *elle nous avait élevés dans l'idée qu'il fallait savoir manger du pain noir au logis, pour soutenir au dehors son rang et sa position. Ah! une mère*, nous disait-il encore, *c'est toute l'éducation d'un homme! Madame était au-dessus des vicissitudes des révolutions. Pendant la guerre de Paoli, elle avait vu deux fois sa maison brûlée*

(1) Baron Rolland de Villarceau, dont la mère était née Vassal, cousin germain de la comtesse de Montholon. — Du C.

et elle avait été obligée de se retirer à cheval, avec ses enfants, dans les montagnes. »

Il avait une haute estime pour le caractère de sa mère; il assurait qu'il lui avait dû des principes d'honneur et de fierté de conduite qui lui ont beaucoup servi dans les commencements de sa vie. Aussi pensait-il que la première éducation vient de la mère, et il disait à ce sujet : « *Les premiers principes que l'on reçoit de ses parents, que l'on suce avec le lait, vous laissent une empreinte ineffaçable.* »

Il avait, comme l'on sait, de grandes préventions en faveur de la noblesse; il le savait et me disait à ce sujet qu'il avait voulu s'en rendre compte; car enfin, ajoutait-il, « *le sang est un préjugé sous le rapport du mérite que l'on en reçoit* », et il l'expliquait par les premières habitudes de l'enfance, celles qu'on a eues sous les yeux en naissant, manières, usages, principes. « *C'est sous ce rapport,* me disait-il, *que l'on peut dire avec raison qu'un homme est bien ou mal né.* » Il se plaisait dans le souvenir des temps où il était sans fortune, et à entrer dans les détails de la manière dont il vivait pour ne jamais faire de dettes.

Assis autour de cette table, à 2,000 lieues de la France, l'Empereur nous racontant sa vie, il me venait à l'idée que nous étions peut-être dans l'autre monde et que j'entendais les *Dialogues des morts.* Pendant ce temps, les bougies coulaient par l'extrême chaleur, les cousins nous piquaient, et l'on étouffait malgré que les fenêtres fussent ouvertes, ce qui me ramenait sur terre.

Quand il causait aussi des événements de son règne, il aimait que l'on discutât franchement les questions, et si l'on émettait une opinion contraire à la sienne, n'importe sur quoi, il fallait qu'elle fût motivée; il s'amusait sur le sujet qu'il traitait et n'était pas content qu'il n'eût persuadé. S'il disait sur un fait quelque chose que l'on ne croyait pas, il le voyait de suite, bien que l'on n'eût pas proféré une parole ; alors il riait et il ajoutait : « *Ah! Monsieur le Grand Maréchal* (ou un autre) *ne croit pas cela.* »

J'en citerai un exemple : Parlant un jour des fantaisies qu'on lui avait prêtées pour des actrices, il citait entre autres une jeune débutante qui était venue aux Tuileries pour une représentation dans l'intérieur. Le bruit avait couru qu'au moment où elle allait rejoindre sa mère pour retourner chez elle, les arrangements avaient été pris par le grand maréchal Duroc pour qu'elle se trouvât seule dans la chambre de l'Empereur. « *Il n'y avait pas eu un mot de vrai,* » ajoutait-il.

J'avais apparemment souri d'un air d'incrédulité; il s'interrompit et venant à moi : « *Ah! milady Montholon ne croit pas cela, je suis donc un menteur?* » et il riait alors si franchement qu'il nous faisait tous rire. Mais s'il tenait à nous persuader, il donnait dans ce cas tous les détails possibles sur le fait, sur les causes, jusqu'à ce qu'il vît bien que l'on était persuadé, convaincu.

Les jours de lecture, il commençait par dire : « *Qu'est-ce qu'il faut lire aujourd'hui?* » En général, on répondait : Une tragédie. Il voulait alors que l'on en indiquât une; chacun nommait celle qui lui convenait; mais celles qu'il préférait et qu'il nous lisait avec d'autant plus de plaisir qu'il en savait de grandes tirades par cœur, c'étaient : *Cinna, le Cid, la Mort de César; Athalie* ne lui plaisait pas, ce qui tenait au sujet; *Mithridate* était aussi de son répertoire habituel, ainsi que *Zaïre*. Il avait pris pendant quelque temps cette *Zaïre* dans un tel goût, qu'elle revenait continuellement et nous en étions fatigués. Je ne puis dire l'effet désagréable que j'éprouvais lorsqu'on demandait cette éternelle *Zaïre*, et lui pensait au contraire que ce sujet devait plaire à une femme. J'avais décidé avec le général Gourgaud que, si le goût n'en passait pas, nous perdrions le volume.

L'Empereur lisait agréablement, mais il n'avait pas l'oreille poétique; il ajoutait souvent à un vers une ou deux syllabes et ne s'en doutait pas; le livre sous les yeux, il changeait un mot et toujours de la même manière; jamais, en lisant *Cinna*, il n'a dit autrement que : « Sylla, soyons amis, Sylla! » Il lisait sans la moindre déclamation.

Si un vers, une tirade lui plaisait, il s'arrêtait, réfléchissait, exprimait ce qu'il sentait et motivait son opinion; le jugement qu'il portait prouvait toujours son tact et son bon goût.

La lecture était souvent interrompue par ses réflexions, et alors une discussion de littérature la remplaçait.

Il blâmait l'usage de nos grands poètes d'introduire dans leurs sujets un amour inutile qui, souvent, ne peut s'accommoder avec le caractère du héros, et qui, loin d'augmenter l'intérêt, l'affaiblit. « L'amour, disait-il, est une passion qui ne peut être traitée dans les sujets dramatiques que comme sujet principal et ne doit jamais l'être comme accessoire. »

Dans *Zaïre*, il est sujet, et cette passion développée dans cette tragédie lui plaisait extrêmement. Mais cette reine Viviate dont Sertorius est amoureux, l'Emilie de *Cinna*, même le personnage de Palmyre dans *Mahomet*, si contraire aux mœurs arabes, l'Idamie de *l'Orpheline de la Chine*, ces personnages hors-d'œuvre, ces amours postiches, lui donnaient de l'humeur.

Il jugeait sainement, avec âme, et toujours d'une manière intéressante.

Ses lectures du jour faisaient souvent aussi le sujet de la conversation.

Il aimait que l'on connût l'ouvrage dont il s'occupait dans le moment et à en discuter.

Sans qu'il eût auprès de lui des savants diplômés, avec les généraux Bertrand, Gourgaud, Montholon et M. de Las-Cases, il pouvait causer sur tous sujets, sûr d'être compris. A part les connaissances spéciales de chacun, il trouvait toujours l'instruction générale suffisante.

Pendant son règne, il avait eu peu le temps de lire. Il y avait suppléé de son mieux en s'entretenant de littérature avec des hommes compétents, surtout avec M. Lebrun (1), l'architrésorier, au jugement et au goût duquel il accordait confiance; aussi nous disait-il souvent avec ingénuité : « *Lebrun me disait.....* » Il lui avait dit, entre autres choses, « qu'il n'y a d'éloquent que ce qui est vrai de pensée ». « *Mais cependant,* ajoutait l'Empereur, *on ne peut nier que Rousseau ne soit éloquent, et pourtant Lebrun déclarait que Rousseau était un sophiste.* »

A Sainte-Hélène, il trouva grand plaisir à reprendre des ouvrages qui lui avaient plu dans sa jeunesse, aimant à juger de la nouvelle impression qu'il en éprouverait. Il s'est beaucoup occupé de littérature à Longwood; la philosophie a été aussi passée en revue.

---

(1) Lebrun, duc de Plaisance (1739-1824), fut successivement député aux États généraux, prisonnier sous la Terreur, membre du Conseil des Cinq-Cents, deuxième consul après le 18 Brumaire, architrésorier de l'Empire, administrateur général de la Hollande, pair de France sous Louis XVIII et, quelque temps, grand maître de l'Université.

Il était très lettré et bon écrivain. — Du C.

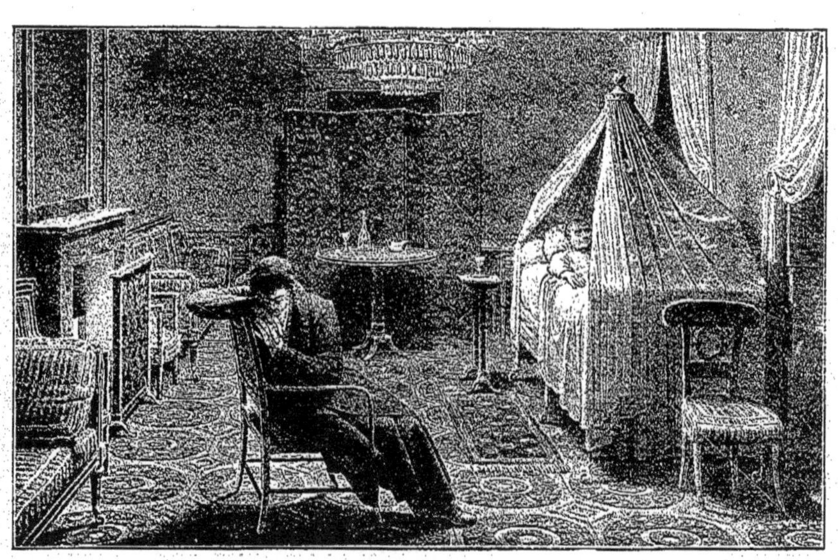

Napoléon dormant.

Le *Cours* de Laharpe lui plut; il m'en disait : « *C'est le jugement de la raison;* » et, en parlant des ouvrages de Voltaire : « *C'est le livre de l'esprit.* »

Il n'aimait pas Buffon, non qu'il ne le trouvât pas grand écrivain, mais à cause des sujets traités par cet auteur, qui n'avaient aucun rapport avec ses pensées habituelles. L'histoire naturelle, les animaux surtout, ne l'intéressaient que médiocrement.

Il avait une manière de lire à lui, passant tout ce qui était remplissage. Je l'ai entendu me dire sérieusement qu'il avait lu tout Lebeau (1) en trois jours. A quoi je répliquai : « Oui, Sire, comme le dit l'abbé de Pradt. » — « *Avec le pouce, n'est-ce pas?* » répliqua-t-il.

Quelle que fût sa manière, le fait est qu'il s'appropriait tout ce qu'il lui fallait d'un ouvrage et, après l'avoir lu ainsi, il le savait à l'analyser. Il portait à ses lectures toute l'ardeur dont il était susceptible.

Je crois avoir déjà dit que ce qu'il venait de

(1) Lebeau, humaniste et historien (1701-1778), a écrit l'*Histoire du Bas-Empire depuis Constantin*, en vingt-deux volumes. — Du C.

lire faisait souvent le sujet de la conversation. Il aimait que l'on connût l'ouvrage.

Un jour qu'il avait fait erreur sur un fait historique, il me dit vivement : « *Je n'ai jamais appris que ce qui m'était utile. Quand vous voulez savoir si je sais une chose, il faut seulement vous faire cette question : Cette étude a-t-elle pu lui servir?* »

Il avait naturellement le goût du vrai et du beau. Dans les ouvrages de littérature légère, il voulait la simplicité, la peinture vraie et naïve des sentiments.

Quand il nous lisait l'*Odyssée*, après dîner, il était dans l'enchantement. Les détails du retour d'Ulysse, la reconnaissance avec la nourrice, lui faisaient venir les larmes aux yeux. Il s'arrêtait et disait avec son heureux sourire : « *Ah! que c'est beau! comme c'est bien là le cœur humain!* »

Son émotion était si sincère, si empreinte sur ses traits expressifs, qu'il eût été impossible qu'elle ne fût pas partagée par les assistants.

Si ceux qui l'ont tellement méconnu avaient passé un seul mois à Longwood, s'ils l'avaient entendu exprimer simplement ce qu'il sentait, s'ils l'avaient vu jouer avec nos enfants, s'intéresser à leur conversation naïve, à la fable qu'ils avaient apprise le matin, ils auraient changé d'opinion et reconnu dans le grand homme une incontestable bonté.

Non seulement, il n'était pas méchant, mais, je puis l'affirmer, la dureté, chez lui, n'était pas native. Il ne mentit pas en me disant un jour « *qu'il avait été obligé de se faire une écorce de dureté apparente qui imposât, pour ne pas être entraîné par son cœur à céder aux instances et à accorder pardon alors qu'il devait punir* ».

Tout le monde comprend que Napoléon ait excité l'enthousiasme : ses adversaires mêmes le trouvent tout naturel ; mais on ne s'explique pas généralement la sympathie qu'il inspirait, le dévouement exalté de ceux qui l'ont connu, l'inviolable fidélité qu'ils gardent à sa mémoire.

Depuis que ma destinée m'avait placée près de lui, j'ai pénétré le secret de son influence morale sur son entourage.

C'était cette âme susceptible de tout noble sentiment qui ressortait dans l'expression, le geste, le regard ; un mot senti sur la question du moment qui imprimait dans le cœur de celui qui se trouvait en rapport avec lui quelque chose d'ineffaçable.

Un instant avait suffi pour qu'il y eut communication intime. Aussi est-il toujours présent, pour ainsi dire, à quiconque a vécu dans son intimité.

Parlez de lui aux ducs de Bassano, de Rovigo, de Vicence, au général Drouot et à tant d'autres. Pour eux, il est resté vivant : ils le voient, ils l'entendent.

Il n'y a que le magnétisme de l'âme qui puisse avoir une telle puissance. C'est la baguette magique qui change les hommes et les choses.

A Longwood, il y avait de plus l'intérêt de la situation.

On l'a représenté comme un homme exclusivement ambitieux et égoïste.

J'ai toujours entendu dire qu'il faisait tout céder à sa politique; mais il sentait trop vivement, il était trop passionné pour réussir à se dominer constamment. Il était même très sujet aux entraînements du moment et peut-être plus qu'un autre homme.

S'il eût toujours agi par calcul, comme on le suppose, il n'eût pas fait les fautes qu'il a commises ; car, certes, il ne péchait pas par défaut de jugement !

Il savait sans doute cacher ses projets, ses impressions; mais je dirai qu'il ne pouvait se vaincre au point de dissimuler longtemps.

Ce n'était pas dans sa nature ; il était, au contraire, trop en dehors.

Je citerai un exemple de son opinion sur lui-même à cet égard.

Un jour qu'il se trouvait avec M. de Montholon à la fenêtre de sa chambre à coucher donnant sur le jardin, je passai pour aller me promener.

L'Empereur m'appela et j'entrai dans le petit jardin, lui toujours à la fenêtre.

Il engagea une conversation dans le cours de laquelle il me dit une chose qui me déplut, et je le quittais plus tôt que je n'aurais fait sans cela ; peut-être trop brusquement.

L'Empereur le remarqua et dit à M. de Montholon : « *Elle me boude; qu'est-ce qu'elle a?* » — « Mais, Sire, c'est sans doute parce que vous lui avez dit telle chose. » — « *Vous croyez que ça l'a fâchée*, reprit-il ; *eh bien! voilà comme je suis; je blesse toujours sans mauvaise intention.* »

Il comprenait ce défaut de son caractère; mais il n'a jamais pu s'en corriger, quelque intérêts qu'il y ait eu, parce qu'il satisfaisait sa passion du moment.

N'est-ce pas l'opposé de la dissimulation ?

Cependant, il faut dire que dans le froid de la réflexion, s'il pensait devoir dissimuler, il le faisait avec succès.

Pour moi, j'ai toujours trouvé qu'il était facile de juger quand il était vrai ou non. Si une corde sensible était touchée en lui, il fallait ne pas le connaître pour s'y laisser tromper.

Je dirai même qu'il avait une sorte de laisser aller, une intempérance de langage qui ne s'allie pas avec la fausseté.

Ainsi, dans cette vie monotone de Longwood, il aimait à savoir les plus petits détails de nos intérieurs, à recueillir toutes les nouvelles du camp et de la ville, qui n'étaient, pour l'ordinaire, que de faux rapports.

Je n'ai jamais pu me soumettre à apprendre et à redire tous les caquets de l'île; aussi me disait-il toujours que je ne savais rien.

D'ailleurs, quand on lui répétait quelque chose qui en valût la peine, que l'on tenait d'une personne du camp et de la ville, il ne manquait jamais de vous nommer, ainsi que l'auteur de la nouvelle.

Il en résultait que c'était redit ; or, cela compromettait les intéressés. Ils encouraient de ce fait la disgrâce du gouverneur, qui ne tolérait pas que l'on frayât avec nous, et surtout qu'on nous informât de la moindre chose qui pût nous intéresser.

Par suite de cette indiscrétion de l'Empereur dans les petites choses, on en vint à ne plus rien nous raconter.

Si l'Empereur s'est fait beaucoup d'ennemis par sa mauvaise habitude de se laisser aller à dire ce qui pouvait blesser, il avait au moins, comme les hommes supérieurs, un esprit de justice qui lui faisait trouver tout simple qu'on lui répondît avec noblesse quand il avait offensé.

Je puis dire que je lui ai souvent répondu de la manière la plus forte ; il ne m'en a jamais su mauvais gré. Il disait alors à M. de Montholon : « *Elle m'a dit des choses bien sévères; mais c'est le droit des femmes.* »

On a dit encore que l'Empereur était très méfiant. C'est sans doute parce qu'il a été souvent trompé; mais je crois qu'il était naturellement plutôt trop confiant. Je sais qu'il était très impressionnable et qu'il revenait difficilement sur le premier jugement, favorable ou défavorable, qu'il avait porté. Sur le trône, où il n'avait pas les moyens ni le loisir de contrôler ses impressions, il devait s'en tenir à son idée première.

A Longwood, il a eu le temps de connaître ceux qui l'entouraient et il m'a souvent dit que cette étude lui avait donné une nouvelle expérience.

Au début de notre séjour, il avait sur quelques personnes des préventions diverses qu'il a perdues par la suite. Les circonstances lui avaient permis de constater qu'il s'était trompé d'abord.

Les fournisseurs qui dévoraient la fortune de la France avant l'avènement de Napoléon lui avaient inspiré une sainte horreur; aussi ne manquait-il pas l'occasion de déblatérer contre ceux qu'il appelait les « *gens à argent* ».

Il confondait dans son anathème tous les hommes d'affaires, bons et mauvais, honnêtes et fripons.

En outre de ses légitimes griefs contre les spéculateurs, il avait peut-être gardé rancune aux capitalistes de Paris qui lui avaient refusé des avances après le 18 Brumaire. Et puis les financiers constituant une classe éclairée, très indépendante et très influente, qui n'a pas besoin des faveurs de la Cour, il ne parvint jamais à les séduire et à les dominer.

Si le cœur de Napoléon a été généralement incompris, son état d'âme n'a pas été mieux jugé. Il n'était pas, comme on l'a cru, profondément incrédule, ni sceptique de parti pris.

Il nous a dit souvent : « *Il y a un sentiment inné dans le cœur de l'homme qui le porte à croire. Il est impossible qu'il ne se dise pas sans cesse : D'où suis-je venu? Où vais-je?* » Et il ajoutait avec un accent ému : « *Personne ne peut dire : je ne serai pas dévot.* »

Séparé tout jeune de sa famille et complètement dépaysé il avait naturellement subi l'influence des milieux et des événements.

La philosophie du XVIIIe siècle avait séduit son esprit d'autant plus facilement que sa raison orgueilleuse se raidissait contre les mystères. D'ailleurs, comme presque tous les hommes de son temps, il avait rompu, dès sa jeunesse, avec la pratique de la religion. Pourtant, il avait gardé l'empreinte de sa première éducation et de la foi de son enfance. Il était resté chrétien et catholique au fond du cœur (1).

Il s'est beaucoup occupé de religion à Longwood. Il a lu l'*Ancien Testament*, tous les *Evangiles*, les *Actes des Apôtres*, Bossuet, Massillon, etc. Il professait une grande admiration pour saint Paul.

On a prétendu qu'il avait un faible pour la religion de Mahomet.

Il est vrai que sa répugnance à croire ce qu'il ne pouvait comprendre, unie à sa foi profonde en l'existence de Dieu, concordait avec le système des mahométans : « *Ce qui me plaisait dans*

(1) On lit dans les *Mémoires du prince de Metternich*, t. Ier, p. 280 : « Napoléon n'était pas irréligieux dans le sens ordinaire de ce terme. Il n'admettait pas qu'il eût jamais existé un athée de bonne foi; il condamnait le déisme comme le fruit d'une spéculation téméraire. Chrétien et catholique, ce n'est qu'à la religion positive qu'il reconnaissait le droit de gouverner les sociétés humaines. Il regardait le christianisme comme la base de toute civilisation véritable, le catholicisme comme le culte le plus favorable au maintien de l'ordre et de la tranquillité du monde moral, le protestantisme comme une source de troubles et de déchirements. »

cette doctrine, nous disait-il, *c'est qu'il n'y a pas de dogmes. Dieu est grand, Mahomet est son prophète, en est le résumé.* » De là à avoir la foi musulmane, il y a loin.

D'ailleurs, il aimait les mœurs arabes et leur usage d'enfermer les femmes lui souriait assez,

Au bord de la mer.

son humeur despotique voyant de mauvais œil l'influence qu'elles exercent dans la société.

Ce sentiment naquit de la crainte qu'il avait conçue d'être dominé par les femmes.

Il était, nous a-t-il dit souvent, très porté à aimer. Il ne voulait pas se laisser maîtriser. Il voyait dans la femme un ennemi fortement armé contre lui et d'autant plus redoutable qu'il paraît plus faible.

Il avait été frappé de l'empire que la passion de l'amour peut prendre sur les hommes du caractère le plus fort.

« *J'ai vu*, disait-il, *Berthier pleurer comme un enfant, dans sa tente, en Egypte, devant le portrait de Mme X..., et n'être plus alors qu'une poule mouillée, bon à renvoyer en France. Murat est arrivé vingt-quatre heures trop tard où je l'attendais pour s'être oublié, à Venise, dans les jardins d'Armide.* »

L'Empereur ajoutait que, depuis, son opinion s'était modifiée ; qu'il avait été très frappé de la haine et de l'acharnement de quelques femmes contre lui, en 1814 et 1815.

Il convenait qu'il avait eu grand tort de s'en faire des ennemies, qu'il aurait dû causer plus souvent avec elles de choses sérieuses.

A son retour de l'île d'Elbe, il en vit de près quelques-unes, entre autres Mmes de Bassano, de Rovigo, Regnaud, et eut occasion de traiter avec elles des sujets importants : « *J'ai été étonné*, me disait-il, *de leur intelligence et de l'énergie de leurs sentiments pour ma cause.* »

Pendant longtemps, il n'avait voulu voir dans les femmes que des poupées dociles; mais il avait fini par reconnaître qu'elles sont bien ce qu'elles doivent être, les dignes compagnes de l'homme. Les grands intérêts de la politique les touchent de trop près pour qu'elles y soient indifférentes.

Quand l'Empereur était sur le chapitre de son ami Mahomet, je lui disais qu'il avait manqué sa vocation; qu'il aurait dû naître sur un trône d'Orient; que tout y eût été dans son génie et que, si je croyais à la métempsycose, je ne douterais pas que son esprit n'eût animé jadis le corps de Gengis-Khan ou celui de Mahomet; que sa volonté eût été la seule loi de l'Etat et que c'était bien là ce qu'il lui fallait. Loin de se fâcher, il riait de son bon rire.

J'ai déjà dit quelle était l'aménité de l'Empereur à notre égard. Tous les témoins de sa vie à Sainte-Hélène lui rendront cette justice. Ce fut grâce à ses qualités aimables que nous pûmes tous supporter avec sérénité les tristesses de notre situation, les gênes de la vie commune et garder même une douce gaîté à Longwood pendant ces journées si longues et si monotones.

C'est à lui, je le répète, que nous fûmes redevables de cette disposition constante dans ce lieu d'exil. Je ne fais ici que rendre à César ce qui appartient à César.

Et comment se plaindre? Quel exemple des vicissitudes humaines nous avions sous les yeux!

Celui que la France ne pouvait contenir; ce génie actif qui, tourmenté du besoin de créer, enfantait des projets dont les effets étonnaient le monde et ébranlaient la vieille Europe jusque dans ses fondements, était maintenant prisonnier dans un espace de quelques milles, dans une île de 6 lieues de tour, dont les neuf dixièmes lui étaient interdits!

Je m'arrête. Qu'importe la hauteur de la chute, puisque la force d'âme de Napoléon le mettait au-dessus du malheur, des persécutions, de l'insulte, plus cruelle encore? Napoléon à Sainte-Hélène, luttant avec résignation et constance contre des maux que des vengeances, longtemps retenues, avaient enfin amassés sur sa tête, Napoléon, sur le triste roc, est plus grand, à mes yeux, que le conquérant assis sur l'antique trône de France, ôtant et distribuant des couronnes.

Peut-être, s'il eût pu dire : J'ai fait des rois et je n'ai pas voulu l'être, serait-il encore le chef des Français.

Quand on connaît le caractère de l'Empereur, son activité, son besoin d'agir, et qu'on le considère enfermé, au moral comme au physique, dans d'aussi étroites limites, il serait permis de croire que ce feu sans aliments devait le consumer, au moins le rendre difficile dans sa vie d'intérieur. Cependant, il n'est aucun de nous et de ceux qui l'ont approché habituellement, tel que le docteur O'Meara qui a été à même d'en juger, puisque, chaque jour, il passait des heures entières avec lui, qui ne puisse témoigner de sa constante liberté d'esprit, de l'intérêt qu'il prenait à tout, et je puis dire même, avec vérité, de la fraîcheur, de la naïveté de ses impressions.

Il ne faisait point parade de force d'âme, il ne jouait aucun rôle. C'est parce qu'il était toujours naturel, toujours vrai, que la vie commune était si facile avec lui.

Je ne l'ai jamais vu s'attrister à la pensée de sa chute. C'étaient plutôt les tracasseries du moment, dont on le tourmentait si inutilement, qui lui causaient des mouvements d'humeur.

S'il se trouvait mal disposé, il cherchait la plus simple distraction et il était facile de l'égayer et de l'intéresser. Un rien l'amusait; une lecture au sujet d'une conversation que l'on amenait, un mot dit à propos pouvait suffire.

. . . .

. . . .

Vue de Longwood New-House et de la maison Bertrand.

APPENDICES

APPENDICE Ier

NOTES INÉDITES DU GÉNÉRAL MONTHOLON

Pour rédiger ses *Récits de la captivité de l'empereur Napoléon à Sainte-Hélène* (1), le général Montholon réunissait en de petits cahiers ses notes quotidiennes. Un seul de ces cahiers semble avoir été conservé et il est en la possession de M. le vicomte du Couëdic. Il nous a semblé curieux de donner quelques-unes de ces notes : Si les idées générales sont souvent les mêmes que dans les *Récits*, les détails et les développements s'offrent parfois différents; ces quelques pages trouvaient donc tout naturellement leur place ici.

I

De la religion.

Un soir, la conversation tomba sur la religion. L'Empereur, après un mouvement très chaud, a dit :

(1) Ceci est une variante du chapitre x du tome Ier. Si les idées sont généralement les mêmes, les développements sont différents et valaient donc la peine d'être produits.

« Tout proclame l'existence de Dieu; c'est indubitable... Dès que j'ai eu le pouvoir, je me suis empressé de rétablir la religion. Je m'en servais comme de base et de racine; elle était à mes yeux l'appui de la bonne morale, des vrais principes, des bonnes mœurs. L'inquiétude de l'homme est telle qu'il lui faut ce vague et ce merveilleux qu'elle lui présente.

Quelqu'un lui ayant dit qu'il pourrait se faire qu'il finît par être dévot, l'Empereur a répondu qu'il craignait que non; mais que, chez lui, l'incrédulité ne venait ni de travers, ni de libertinage d'esprit. « L'homme, ajoutait-il, ne doit jurer de rien sur tout ce qui concerne ses derniers instants. » — Comme on citait quelqu'un qui s'était vanté, en quelque sorte, de n'avoir pas fait sa première communion : « C'est fort mal à lui, a repris l'Empereur, il a manqué là à son éducation! » Et continuant : « Dire d'où je viens, ce que je suis, où je vais, est au-dessus de mes idées, et pourtant tout cela est; je suis la montre qui existe et qui ne se connaît pas. Le sentiment religieux est si consolant que c'est un bienfait du ciel que de le posséder. De quelle ressource ne nous serait-il pas ici? Quelle puissance pourraient avoir sur moi les hommes et les choses si, prenant en vue de Dieu mes revers et mes peines, j'en attendais le bonheur futur pour récompense? Quelle serait ma jouissance si le charme d'un avenir futur se présentait à moi pour couronner la fin de ma vie! »

L'Empereur a terminé cette conversation en envoyant mon fils chercher l'Evangile, et le prenant au commencement, il ne s'est arrêté qu'après le discours de Jésus sur la montagne. Il se disait ravi, extasié de la pureté, du sublime et de la beauté d'une telle morale.

Au plus fort de la discussion du Concordat, M. l'abbé Grégoire ayant été mandé à la Malmaison, quand il y arriva, le Premier Consul se promenait déjà dans une allée discutant vivement avec le sénateur Volney : « Oui, Monsieur, disait-il, on dira ce qu'on voudra, il faut au peuple une religion et surtout de la croyance ; et quand je dis le peuple, Monsieur, je ne prétends pas encore dire assez, car moi-même, à la vue du spectacle de la nature, — et il étendait les bras vers le ciel avec une inspiration enthousiaste, — moi-même, je me sens ému, entraîné, convaincu. » — Et, se tournant vers l'abbé Grégoire : « Et vous, Monsieur, qu'en dites-vous ? » A quoi celui-ci répondit qu'un tel spectacle était bien fait pour donner lieu à de sérieuses méditations.

La Revellière-Lépeaux offrit un jour à dîner à Bonaparte qui l'accepta. Il n'y avait que la femme et la fille du Directeur à dîner; après le dessert, elles se retirèrent, et la conversation devint sérieuse. La Revellière s'étendit sur les inconvénients de notre religion et sur la nécessité d'en avoir une, et vanta en grand détail les avantages de celle qu'il prétendait instituer : la *Théophilanthropie*. « Je commençais, dit Bonaparte, à trouver la conversation un peu lourde, quand tout à coup, se frottant les mains avec satisfaction, le Directeur me proposa de me ranger à sa religion, etc. Je ne m'attendais pas à cette nouvelle proposition. Toutefois, je répondis avec humilité que, dans les routes obscures, j'avais pour principe de suivre ceux qui me devançaient, et que j'étais résolu à faire là-dessus ce qu'avaient fait mon père et ma mère. »

II

Des couvents et des prêtres.

Au sujet de la *Mélanie* de La Harpe, l'Empereur disait : « Jamais un père n'a eu le pouvoir de forcer sa fille à être religieuse, jamais l'autorité n'y a donné les mains. — J'ai assisté à maintes prises d'habit, c'était une cérémonie fort suivie par les officiers : si une jeune fille eût dit *non*, nous l'eussions enlevée l'épée à la main. Il est donc faux qu'on employât la violence; peut-être employait-on les séductions comme on fait pour les recrues. Le fait est qu'avant de conclure, elles avaient à passer par les religieuses, la supérieure, le directeur, l'évêque, l'officier civil et enfin les spectateurs. Le moyen que tout cela se fût entendu pour commettre un crime! »

L'Empereur était contraire aux couvents, en général, comme inutiles. Il reconnaissait pourtant qu'il y avait certaines choses à dire en leur faveur.

Les tolérer, astreindre leurs membres à être utiles,

ne reconnaître que des vœux annuels était, à son sens, le meilleur *mezzo termine* de tout ce qu'il y avait à en faire, car un empire comme la France pouvait et devait avoir des trappistes. Si un homme infligeait les pratiques qu'ils observent, ce serait la plus abominable des tyrannies, et pourtant, elles peuvent faire les délices de celui qui se les impose volontairement. Il avait autorisé les moines du mont Cenis, car ceux-ci étaient utiles, héroïques.

Il était d'avis que les moines seraient de beaucoup les meilleurs corps enseignants, s'il était possible de les maîtriser.

Il n'eut jamais à se plaindre du vieux clergé; les anciens évêques se sont montrés reconnaissants de ce qu'il avait fait pour la religion, ils ont répondu à ses espérances; ils eurent tous sa confiance et nul ne la trompa.

En parlant des prêtres et de la religion, l'Empereur disait : « L'homme lancé dans la vie se demande : D'où viens-je? Qui suis-je? Où vais-je? Ce sont autant de questions mystérieuses qui nous précipitent vers la religion. Nous courons au-devant d'elle, notre penchant nous y porte. On croit à Dieu parce que tout le proclame autour de nous, et que les plus grands esprits y ont cru : non seulement Bossuet, mais Newton et Leibnitz.

« Telle a été pour mon compte, et à la lettre, la marche de mon esprit : j'ai eu besoin de croire et j'ai cru.

« Mais ma croyance s'est trouvée incertaine dès que j'ai raisonné; peut-être croirai-je de nouveau aveuglément. Dieu le veuille! Je n'y résiste assurément pas, je ne demande pas mieux; je conçois que ce doit être un grand et vrai bonheur.

« Toutefois dans les grandes tempêtes, dans les suggestions accidentelles, l'absence de cette foi religieuse, je l'affirme, ne m'a jamais influencé en aucune manière, et je n'ai jamais douté de Dieu. Car si ma raison n'eût pas suffi pour le comprendre, mon intérieur ne l'adoptait pas moins. Mes nerfs étaient en sympathie avec ce sentiment.

« Lorsque je saisis le timon des affaires, j'avais déjà des idées arrêtées sur tous les grands principes; j'avais pesé toute l'importance de la religion; j'étais persuadé, et j'étais résolu de la rétablir; mais on croirait difficilement les résistances que j'eus à vaincre pour ramener le catholicisme. C'est au point qu'au Conseil d'Etat, où j'eus grand'peine à faire adopter le Concordat, plusieurs ne se rendirent qu'en complotant d'y échapper : « Eh bien, se disaient-ils « l'un à l'autre, faisons-nous protestants et cela ne « nous regardera pas. »

« Il est sûr qu'étant donné le désordre auquel je succédais, je pouvais choisir entre le catholicisme et le protestantisme, et il est vrai de dire encore que les dispositions du moment poussaient toutes de ce côté. Mais outre que je tenais réellement à la religion de mon enfance, j'avais les plus hauts motifs pour me décider. En proclamant le protestantisme, qu'eussé-je obtenu? J'aurais créé en France deux grands partis à peu près égaux, lorsque je voulais qu'il n'y en eût plus du tout. J'aurais ramené la fureur des guerres de religion. Ces deux partis, en se déchirant, eussent annihilé la France et l'eussent rendue l'esclave de l'Europe, lorsque j'avais l'ambition de l'en rendre la maîtresse.

« Avec le catholicisme, j'arrivais bien plus sûrement à tous mes grands résultats. Au dehors, le catholicisme me conservait le Pape; et avec mon influence et nos forces en Italie, je ne désespérais pas, tôt ou tard, par un moyen ou par un autre, de finir par avoir à moi la direction de ce Pape. Et dès lors, quelle influence! Quel levier d'opinion sur le reste du monde!

« Jamais, dans mes querelles avec le Vatican, je n'ai touché au dogme.

« Le Pape m'avait dispensé de la communion publique, et cette détermination me prouve la sincérité de sa foi religieuse. — Il avait tenu, à ce sujet, un conseil de cardinaux. La plupart avait insisté pour que je communiasse en public et disait que l'exemple en serait d'une grande importance pour l'Eglise, qu'il fallait que je le donnasse. Le Pape répondit : « S'il « n'accomplit cet acte que comme on se soumet au pro- « gramme d'un cérémonial, ce sera un sacrilège; je ne « puis le vouloir, ma conscience s'y oppose. » Dans sa charité chrétienne, il n'a jamais désespéré de me tenir pénitent à son tribunal. Nous en avons souvent causé de bonne amitié. « Vous y viendrez tôt ou tard, « me disait-il avec douceur, et vous verrez quelle « satisfaction pour vous-même. »

« Mon influence sur lui était telle que je le décidai par la seule force de mon raisonnement (1) à signer le Concordat de Fontainebleau, dans lequel il renonçait à la souveraineté temporelle. Il ne l'eût pas plutôt signé, du reste, qu'il s'en repentait. Aussitôt après que je l'eus quitté, il retomba dans les mains de ses conseillers habituels qui lui firent un épouvantail de ce qu'il venait d'arrêter. Si nous avions été laissés à nous seuls, j'en eusse fait ce que j'aurais voulu. J'aurais alors gouverné le monde religieux avec la même facilité que je gouvernais le monde politique. Quand on connaîtra la vérité sur mes querelles avec le Pape, on s'étonnera de tout ce que j'endurai de sa part, moi qui n'étais guère endurant !

« Pie VII partit de Paris sans avoir obtenu de moi la récompense qu'il croyait avoir méritée : il voulait que j'exhumasse, en faveur du Saint-Siège, la fameuse donation de la comtesse Mathilde (2)... »

---

(1) La signature ne s'obtint pas aussi facilement que l'aurait dit Napoléon. Du reste, le Concordat de 1813, immédiatement désavoué par Pie VII, ne reçut pas d'exécution.

(2) Fille de Boniface II le Vieux, héritière du duché de Toscane, des comtés de Modène, Ferrare, etc. Après la mort de son premier mari, Godefroi, duc de Lorraine, elle s'attacha à Grégoire VII et lui fit une donation secrète de ses biens. Elle mourut en odeur de sainteté en 1102, léguant ses biens

III

Anecdotes.

Un jeune matelot anglais prisonnier en France s'échappa d'un dépôt. Il avait fait, avec beaucoup de difficultés et de patience, un petit canot, avec lequel il espérait joindre les vaisseaux de la croisière anglaise, mais il fut découvert. Napoléon, l'ayant vu, le fit venir et lui dit : « Mais tu as donc une bien grande envie de revoir ton pays? Y aurais-tu laissé quelque maîtresse? — Non, répondit le matelot, ce n'est que ma mère qui est vieille et infirme et que je voudrais revoir. — Eh bien! tu la reverras! » reprit Napoléon, et il commanda aussitôt qu'on prît soin de ce jeune homme, qu'on l'habillât et qu'on le transportât à bord du premier bâtiment croiseur de sa nation. Il voulut, en même temps, qu'on lui donnât une petite somme pour sa mère, faisant la remarque qu'elle devait être une bonne mère puisqu'elle avait un si bon fils.

*
* *

Après les couches de Mme de Montholon, un jeune ecclésiastique anglais, très fervent, vint baptiser son

---

au pape Pascal II. Les papes et les empereurs se disputèrent son héritage pendant deux siècles. Le Saint-Siège en recueillit une faible partie, désignée sous le nom de Patrimoine de Saint-Pierre.

enfant (1). La religion ayant été l'objet de la conversation, sa figure nous montra une étrange surprise d'entendre nos regrets de nous trouver sans prêtre. Livré sans doute à la croyance vulgaire et au tas de sottises dont on nous environne sans cesse, il s'était attendu à se trouver parmi des renégats. Il lui échappa d'avouer qu'on lui avait dit et qu'il avait cru qu'à Madère, un prêtre s'était offert à nous, mais que nous l'avions repoussé en l'apostrophant grossièrement. Il fut bien surpris d'apprendre que si cette offre avait eu lieu, elle nous était demeurée étrangère. Profitant de cette circonstance, je priai l'ecclésiastique, après déjeuner, de vouloir bien passer chez moi, et là, je saisis cette occasion toute naturelle pour lui peindre la situation morale où nous nous trouvions. Nous avions des femmes, des enfants, sans parler de nous-mêmes, pour qui le manque des exercices religieux était une véritable privation. — On sait que cette grave lacune fut comblée; des négociations furent entamées, par le cardinal Fesch, avec le Saint-Siège qui s'entremit auprès du cabinet britannique; un aumônier fut envoyé à Sainte-Hélène. Pendant sa dernière maladie, Napoléon fut assisté par l'abbé Vignali.

(1) Le prêtre catholique renouvela ce sacrement sous condition. — Du C.

IV

Portrait de Napoléon d'après lui-même.

Napoléon avait beaucoup d'amour-propre, une grande fierté intérieure. Caractère inflexible qui, une fois qu'il avait pris un parti, n'en changeait jamais. — Bon mathématicien. — Dans l'adolescence, morose et sombre, liseur de livres; dès lors, tout annonçait en lui des qualités supérieures, un caractère prononcé, des méditations profondes, des conceptions fortes, de la sagacité dans le jugement. Ses amplifications étaient empreintes d'une bizarrerie qui le faisait appeler du granit chauffé au volcan. Il avait une instruction très étendue et il en faisait usage avec facilité, avec force, avec clarté.

A vingt ans, il était des plus instruits, pensant fortement et avec la logique la plus serrée. Son esprit était vif, prompt, sa parole énergique.

Il était partout remarqué et obtenait beaucoup de succès auprès des deux sexes, surtout auprès de celui qu'on préfère à cet âge. Il devait lui plaire par des idées neuves et fines, par des raisonnements audacieux. Les hommes devaient redouter sa logique et sa discussion, auxquelles la connaissance de sa propre force l'entraînait naturellement.

Dans sa jeunesse, il était fort gai, allant dans le monde et alerte. Son style était alors emphatique et abondant. Mais, plus tard, Napoléon devint grave, sévère dans sa tenue et peu communicatif.

En prenant le commandement des armées, il affecta une grande réserve et la dernière sévérité de mœurs. Sa conduite fut irréprochable, exemplaire. Il se montrait une espèce de Caton. Il dut le paraître à tous les yeux. Il était, en effet, un philosophe, un sage.

Quand la Révolution éclata, tout entier aux idées du jour, avec l'instinct des grandes choses et la passion de la gloire nationale, il fut chaud patriote et prit le parti de la Révolution; mais la Législative fut une époque nouvelle pour ses idées et ses opinions.

Napoléon, dès qu'il parut à Toulon, gouverna.

C'était l'ascendant du savoir, de l'activité et de l'énergie sur l'ignorance et la confusion du moment.

La première étincelle de la haute ambition lui vint, non après Vendémiaire et Montenotte, mais après Lodi.

V

Napoléon et Hudson Lowe.

Napoléon disait à Hudson Lowe (1) : « Il est une Providence vengeresse : tôt ou tard, vous porterez la peine de votre attentat contre moi !

---

(1) Sir Hudson Lowe, dans ses curieux *Mémoires*, a fidèlement rapporté ces véhémentes objurgations. — Du C.

« Un long temps ne s'écoulera pas que votre prospérité, vos lois ne l'expient.

« Vos ministres, par leurs instructions, ont assez prouvé qu'ils voulaient se défaire de moi.

« Pourquoi les rois qui m'ont proscrit n'ont-ils pas osé ordonner ouvertement ma mort? L'un eût été aussi légal que l'autre! Une fin prompte eût montré plus d'énergie de leur part que la mort lente à laquelle on me condamne!

« Je ne me tuerai pas, ce serait une lâcheté; il est noble et courageux de surmonter l'infortune. Chacun ici-bas est tenu de remplir son destin. Mais, si l'on compte me tenir ici, vous me devez la mort comme un bienfait, car ma demeure ici est une mort de chaque jour.

« L'île est trop petite pour moi qui faisais tous les jours plusieurs lieues à cheval. Le climat n'est pas le nôtre; ce n'est ni notre soleil, ni nos saisons. Tout ici respire un ennui mortel. La position est désagréable, insalubre; il n'y a point d'eau, ce coin de l'île est désert, il a repoussé ses habitants.

« Ce n'est point une maison, ce ne sont pas des meubles qu'il fallait m'envoyer, mais, bien plutôt, un bourreau et un linceul! »

APPENDICE II

Lettres du général Montholon à sa femme.

Longwood, ce 3 juillet 1819.

Hier, à dix heures, j'ai reçu ton billet de sept heures du matin; j'y ai de suite répondu, mais déjà ton bâtiment était à la voile. A midi, je t'avais écrit un autre billet, je te l'envoyais lorsque j'ai appris par le retour de mon premier qu'il était trop tard! Je t'écrirai tous les jours le récit de ma journée, il me semblera que je me rapproche de toi. Ton image adorée est sans cesse présente à ma pensée; je te vois partout et ne te trouve nulle part; tout est sans vie autour de moi et je suis seul au milieu de gens empressés à me servir, à diminuer ma solitude; tous nos Français se présentent à mes yeux; ils croient, les pauvres gens, m'offrir quelques distractions, ils m'assomment.

J'ai déjeuné et dîné hier avec l'Empereur, nous n'avons parlé que de toi; c'est le moment le moins pénible de ma journée. Il regrette vivement ton départ. Il m'a protesté de toute son amitié pour toi, pour les enfants : les noms de Tristan, Lili, Joséphine sont sortis cent fois de sa bouche dans la journée. Ce matin, à déjeuner, même conversation. Il se reproche de nous avoir séparés; il proteste qu'il ne croyait pas que notre séparation fût aussi cruelle, qu'il sera le premier à m'envoyer à toi si je ne puis surmonter mon chagrin. Il a vu plusieurs fois mes yeux humides et en a été vivement ému. Ses protestations ont le cachet de la vérité. Oh! oui, mon Albine tant aimée, je te rejoindrai! Peu de mois nous sépareront. Je sens trop que ma vie est en toi; que loin de toi, de mes pauvres enfants, je ne puis exister; rien ne pourra m'arrêter, comptes-y, aussitôt l'arrivée des individus annoncés par les journaux. Mais toi, ménage ta santé; que la soigner, la rétablir, soit ton unique objet.

Reste aux eaux de Cheltenham aussi longtemps que tu le pourras. Surtout, prends bien garde de ne t'exposer à aucune tracasserie politique, et reste en Angleterre, sur la terre libre, aussi longtemps que tu le pourras. Que le surcroît de dépense ne t'effraie pas, il vaut mieux dépenser 1,000 louis de plus cette année que de retourner dans tes foyers si tu dois y éprouver le moindre désagrément. Je te ferai passer les 24,000 francs que je reçois ici, à partir du 1er juillet; c'est convenu avec Bertrand; il écrira en conséquence à M. Baring (1).

(1) Banquier anglais dont le fils, Francis Baring, devenu troisième lord Ashburton, qui a longtemps résidé à Paris (place Vendôme, 19), épousa Mlle Claire de Bassano. Leur fille, Marie Baring, a épousé le sixième duc de Grafton. — Du C.

L'Empereur y consent, et pourvoira à ma dépense ici; ainsi, voilà déjà un surcroît de revenu. Je te recommande, ma bonne Albine, de te méfier de toi en économie. Si je passe les bornes en dépense, tu les passe quelquefois en trop de sagesse.

Tu dois ne pas oublier que, seule, sans mari, il te faut une certaine représentation pour conserver ton rang : le monde ne vaut pas mieux que cela.

Il partira cette semaine plusieurs bâtiments pour l'Angleterre; je t'écrirai par tous. Ne manque aucune occasion de me donner de tes nouvelles.

Adieu, Albine chérie, que j'aime plus que la vie. Embrasse mes enfants. A toi, tout à toi, pour toujours.

CHARLES.

Bertrand pense à toi; te répondra bientôt.

Longwood, le 7 juillet 1819.

Cinq jours se sont écoulés depuis ton départ, mon Albine chérie, et chaque fois je sens plus vivement le besoin de toi, de mes enfants; leur tapage, leurs cris me manquent; je voudrais entendre, dans ces éternelles nuits, ma Lili (1) m'appeler. Ma vie est régulière comme celle d'un cénobite; je déjeune

(1) Sa fille Napoléone, née en 1816.

chez moi et dîne avec l'Empereur. Tous les matins, Bertrand se croit obligé de venir me voir, non à mon lever, mais à mon déjeuner; il reste une demi-heure et s'en va sans que, depuis deux jours, nous nous soyons dit quatre paroles. Hier, l'Empereur était dans ses humeurs noires; il s'est levé à quatre heures et recouché à cinq heures et demie. Il ne m'a parlé que de toi et de tes enfants. A peine a-t-il fait des réflexions sur les journaux qui, du reste, prouvent que la France commence à être constitutionnelle. Ton départ et la maladie de Mme Bertrand, qui ne finit pas et est toujours au même point, ont jeté un voile noir sur Longwood, déjà si monotone.

Joséphine (1) se marie dans deux jours; tous calculs faits, ils ont à eux deux 20,000 francs qui appartiendront au survivant, ainsi que tous les acquêts, s'ils n'ont pas d'enfants; en cas d'enfants, le survivant n'aura que la jouissance. Le contrat se rédige ce matin. L'Empereur la prendra pour lingère et lui conserve les gages que tu lui donnais. Cet arrangement me paraît conforme à tes désirs et j'ai tout arrangé dans ce sens.

Jackson part demain sur un chinois (2); je le charge de te porter un petit paquet de divers objets oubliés dans tes armoires dont je t'ai parlé dans ma

---

(1) Femme de chambre de Mme de Montholon.

(2) Sur un bâtiment retournant de la Chine en Angleterre.

dernière lettre. Qu'il est heureux! Il va te revoir. Quand le ciel exaucera-t-il mes vœux? Quand serai-je réuni à vous pour ne vous jamais quitter?

J'espère que les journaux nous apprendront quelque chose de positif sur l'arrivée des médecins, prêtres, etc., mais rien de nouveau, toujours même incertitude.

Je t'ai écrit que je pensais qu'il était préférable que tu retournes en Angleterre, que je craignais notre diabolique arbitraire français pour toi; l'esprit des derniers journaux me rassure un peu sous ce rapport. Je pense cependant qu'il est plus sage de vivre sur la terre libre que d'aller, de gaieté de cœur, s'exposer aux réactions d'un parti qui, réduit au silence aujourd'hui, peut être demain victorieux, surtout quand il ne s'agit que de dépenser un peu plus, ce qui est en réalité fort peu important. Quelques mois de séjour de plus en Angleterre ne peuvent jamais faire une grande différence; tu ne dois, d'ailleurs, avoir aucune inquiétude sous ce rapport. Ne crains pas la cherté de l'Angleterre. Ce que je désire pour toi, ce sont les eaux de Cheltenham, après quoi une maison de campagne. C'est le genre de vie le plus convenable et dans lequel, sans aucun doute, tu auras le plus d'agrément. Envoie-nous tous les ouvrages du jour et tous ceux qui, sous la forme de mémoires, etc., contenant des pièces officielles, ont paru depuis quatre ans: libelles ou autres.

Adieu, Albine chérie, je t'embrasse. Je t'aime,

ainsi que mes pauvres enfants, de toute la force de mon âme. A toi, tout à toi, pour la vie.

CHARLES.

Longwood, ce 14 juillet 1819.

Rien de nouveau à Longwood depuis ton départ, ma bonne Albine, que le mariage de Joséphine, qui a été célébré avant-hier dimanche, dans ton parloir. Le soir, grand festin, où l'union la plus parfaite a régné — parmi tous les partis; — les trois belles, la mariée, Esther, Mlle Oile (?), paraissent les trois inséparables. On a bu aux unions réciproques. Aujourd'hui, tous ces ennemis mortels de quelques jours avant sont, à les entendre, des amis éternels. Tant mieux, tant mieux, si cela dure; mais l'ennui, le malheur sont de terribles moteurs de discorde.

Pour continuer les caquets, j'ai été deux fois voir Mme Bertrand depuis ton départ. Bertrand continue à se croire obligé de venir chez moi tous les jours une et même deux fois, la première pour savoir de mes nouvelles avant d'entrer chez l'Empereur, la seconde pour me raconter ce qu'ils ont dit ou fait pendant sa visite de dix heures du matin; aussi, quand je le vois entrer chez moi, je sais qu'il est dix heures moins dix minutes; quelle vie! Toute ma matinée, je la passe à travailler ou à lire. A deux heures, je vais me promener sous ma tente ou à la nouvelle maison, rentrant par le corps de garde. A trois heures, je vais chez l'Empereur. Nous dînons à quatre heures et je reste chez lui jusqu'à ce que je l'aie endormi, en général, à huit heures ou huit heures et demie ; cependant, hier, la soirée s'est prolongée jusqu'à dix heures et demie, toujours à causer de choses que je voudrais bien pouvoir te raconter, mais que je ne puis écrire. Que d'anecdotes curieuses pour l'histoire, que de secrets seront ainsi perdus par le seul résultat de notre position ! Nous causions des douze lettres que Fouché vient de publier (1) : deux sont fausses, les autres plus ou moins refaites. Envoie-nous le plus possible tous les ouvrages de ce genre qui paraissent ; ils sont toujours pour moi une occasion de recueillir des détails du plus grand intérêt. Il m'est facile, en lisant avec lui ces brochures, de bien connaître la vérité, soit par sa critique, soit par ses observations, soit enfin par les expressions qui lui échappent à la lecture.

L'histoire de notre Révolution est encore couverte d'un voile si ténébreux, tant d'acteurs fameux jouent encore de si importants rôles, que je ne puis assez te dire l'intérêt que je prends à dévoiler pour moi-même tout ce mystère.

---

(1) Au commencement de l'année 1819, Fouché écrivit des lettres, rendues publiques, au comte Molé, au duc de Richelieu, à M. Dessoles, chef du nouveau Cabinet, au comte de Sceaux, à Gaillard. Voir *Fouché*, par M. Madelin, t. II, p. 521. Plon, 1901.

L'abbé de Pradt, dans son *Congrès d'Aix-la-Chapelle*, dit.....

J'ai été interrompu. Ma lettre est restée là, manque d'occasion de te l'envoyer jusqu'à ce moment, 17, que je la continue. Pendant ces trois jours, rien de nouveau. Mme Bertrand recommence à marcher. Est-elle enceinte? Ne l'est-elle pas? C'est pire que le mystère; personne n'y entend rien. Ce qui est certain, c'est qu'elle ne peut pas remuer, et que, debout, sans avoir jamais éprouvé de douleurs, elle a des menaces d'accident; tu m'entends.

Point encore de nouveaux arrivés, ni d'assurance qu'ils viennent; en tout et pour tout, toujours le même état de choses.

J'ai eu une petite tracasserie que j'ai arrêtée court; tu l'avais prévue, elle ne doit pas t'étonner; mais ce qui ne t'étonnera pas non plus, c'est que j'ai pensé que je devais laisser passer quelque temps avant de parler de ce dont je t'ai écrit dans ma dernière lettre.

Mes journées du 14, 15, 16 se sont passées comme celle du 13, à la différence près d'une partie d'échecs qui a été imaginée en prenant le café.

Nous jouons trois louis la partie; celui qui, sur trois, en a gagné deux, gagne les trois louis. Jusqu'à présent, je n'ai jamais perdu que la première des trois. Si cela devait durer, et que nous ne jouassions pas à crédit, j'aurais bientôt payé tes dettes à James-Town, mais je prévois que la mode passera sous peu de jours.

En jouant, commence la conversation qui se prolonge jusqu'à dix ou même onze heures. De cette manière, mon temps s'est trouvé parfaitement employé depuis quatre heures jusqu'à la fin de la journée, et cela sans travailler. Nous n'avons pas encore recommencé notre travail depuis ton départ et il n'en est pas question. Quant à Bertrand, il commence à bouder de ce genre de vie qui fait qu'il ne voit réellement plus l'Empereur qu'une heure ou deux le matin.

Hier, j'ai cédé aux instances de tout le monde et j'ai été une heure à cheval; mais je ne crois pas que je puisse en reprendre l'habitude; cela a été pour moi l'heure la plus longue de la journée. Je suis avec exactitude le traitement du docteur. Je ne souffre pas plus du côté, mais je ne ferme pas l'œil de la nuit; j'ai tout à fait perdu le sommeil et j'éprouve une douleur continue dans les reins, du côté droit, à la dernière côte.

Je voudrais te savoir établie quelque part; je suis inquiet de ta santé. Ma pauvre tête travaille; j'ai tant besoin de toi! On m'assure que le seul effet de climat et d'habitudes sera grand, même la traversée. Dieu le veuille et exauce les vœux bien ardents que je ne cesse de lui adresser pour toi et mes enfants. Je t'embrasse et t'aime de toute la force de mon âme.

M.

Longwood, ce 25 juillet 1819.

Le *Phaéton* part demain ; j'en profite, mon Albine chérie, pour te donner de mes nouvelles. Que ne puis-je en recevoir aussi souvent des tiennes? Je ne puis m'accoutumer à ton absence; j'ai besoin de toi, de mes pauvres enfants. Longwood est, pour mon âme déchirée, un immense désert où tout ajoute à ma peine; rien n'y est et ne peut y être pour moi. A tout instant, je te demande à Dieu; je ne vis que par l'espoir qu'il exaucera mes vœux!

Personne n'est encore arrivé. Chaque bâtiment signalé, on le croit l'*Abondance*; mille conjectures se succèdent et toujours en vain.

Mme Bertrand a fait une fausse couche avant-hier. C'était un garçon de quatre mois et demi. Elle va bien, très bien. Lady Lowe n'a pas encore été délivrée; elle est dans l'état où tu as laissé Mme Bertrand. Sera-t-elle plus heureuse? Je le désire plus que je ne l'espère. Il paraît qu'elle est moins avancée. Je te donne toutes les nouvelles de Sainte-Hélène. Quant à notre Longwood maudit, toujours même genre de vie, même monotonie, même plainte de souffrance et même état. Cependant, je ne trouve pas que l'Empereur soit plus mal et, de prendre un peu d'air tous les jours, me paraît lui convenir. Pour moi, je suis toujours dans les mains du docteur et ne m'en trouve pas mieux. J'ai été faire une course à Rosmery-House (?) avec M. Warden; elle m'a fait mal; je me suis même bien promis de ne pas recommencer. N'aie pas d'inquiétude cependant, ma bonne Albine, tu ne dois pas en avoir. J'espère que, quand cette lettre t'arrivera, tu seras aux eaux de Cheltenham... J'en attends un grand bien pour toi. Je voudrais que, la saison finie, tu t'établisses de suite, de manière à n'être pas obligée à de nouveaux frais d'établissement quand je te rejoindrai. Je t'ai écrit dans mes premières lettres que je désirais que tu m'attendisses en Angleterre. Je le désire encore, si tu le peux sans trop de dépenses, surtout si tu as l'assurance qu'on me permette d'y vivre avec vous. Sinon, je crois qu'il serait plus raisonnable de n'y faire aucune dépense d'établissement, d'y vivre tout à fait en voyageur et de profiter de ton séjour aux eaux pour chercher un asile sur le continent où, avec nos revenus, nous puissions vivre heureux.....

Cette lettre te prouve, mon Albine, toute la tristesse de mon âme, tout le besoin que j'ai de toi, je l'avoue, toute ma faiblesse; mais peut-on rougir d'adorer sa femme, ses enfants.....

Adieu, mon Albine toute aimée; embrasse mes enfants pour leur père. Je recommande à Tristan de te rendre heureuse, de bien soigner ses sœurs. Tu dois lui apprendre qu'il est destiné à me remplacer et que ton bonheur est ma première pensée. Tâche que ma Lili ne m'oublie pas. Nous parlons tous les jours de vous; à toi, tout à toi, pour la vie!

M.

Mme Bertrand te prie : 1° De donner de ses nouvelles à lady Jermingham (1);

2° De ne point oublier de lui envoyer les souliers, les petits bonnets, etc., conformément à la note dans le soulier noir qu'elle t'a donné pour modèle;

3° Hortense te demande de ne pas oublier sa poupée de cire.

Napoléon et Henry te demandent des joujoux. Si tu en envoies, n'oublie pas Arthur, sans quoi tous les autres seront mal reçus. Joséphine a vendu pour 13 à 1,500 francs toutes les robes que tu lui a données; elle les refait et ajuste pour Mme Bertrand; aussi, est-elle fort à la mode à Longwood.

Longwood, 31 juillet 1819.

Rien de nouveau à Longwood, ma bonne Albine, toujours même vie, point de nouveaux venus. Tu fais le sujet habituel de nos conversations avec le docteur. Les Bertrand me parlent de toi par politesse; l'Empereur, parce qu'il y pense. Ton départ a jeté sur nous une teinte bien triste; pour moi, je ne m'y accoutume pas, je ne suis plus qu'un corps sans âme; rien ne m'est plus; il me semble que je ne vis que lorsque je m'occupe de toi.

---

(1) On sait que le général Bertrand eut cinq enfants : quatre fils, Napoléon, Henri, Arthur, Alexandre, et Hortense, qui devint Mme Thayer.

Tu dois être déjà sous l'influence du climat d'Europe. J'ai besoin de me répéter que ta santé l'exigeait, cet affreux sacrifice, pour en supporter tout le poids. Quand Dieu se laissera-t-il enfin toucher par mes vœux, quand me réunira-t-il à toi pour ne plus te quitter!

La vue d'enfants qui jouent sous mes fenêtres m'est pénible; j'y voudrais voir les miens, et deux mille lieues les séparent de moi!

Je suis toujours dans les mains du docteur; que cela ne t'inquiète pas cependant; il m'assure que dans quinze jours je serai délivré de ses petites boîtes.

Mme Bertrand va bien; elle parle déjà de sortir, mais on espère la garder dans sa chambre jusqu'au 15 août. J'ai continué vis-à-vis d'elle le même genre, je m'en trouve bien et ne veux pas d'intimité, malgré les instances qu'on m'en fait; l'expérience m'a prouvé qu'il n'en faut pas avoir à Longwood. Je suis et suivrai de point en point le genre de vie dont nous sommes convenu.

J'ai quelquefois dans l'idée que tu ne seras pas reçue en Angleterre et que c'est en Belgique que je te retrouverai. S'il en était ainsi, tu ferais peut-être bien d'aller prendre les eaux de Spa ou d'Aix-la-Chapelle, dont tu ne serais qu'à peu de lieues. Il me semble que la saison se prolonge jusqu'à la fin de septembre. Mais, dans ce cas, je te recommande avant tout d'y vivre dans la retraite et d'éviter qu'on parle de toi, ce qui ne conviendrait pas à ta position. Ces eaux sont le point où tous les journalistes de l'Europe vont chercher des nouvelles vraies ou fausses, et ce pourrait être pour toi une cause de désagréments; tant de gens seront prêts à te prêter des propos, des actions qui sont loin de ta pensée!

J'ai tort d'être effrayé, je devrais être bien tranquille. Tu m'as appris, depuis six ans, à avoir en toutes choses confiance en ton jugement, en ta conduite, etc.; certes, je me serais bien souvent applaudi d'avoir suivi tes conseils.

Ce que je te dis de la Belgique et des eaux de Spa n'est pas parce que je désire t'y savoir; mon désir est, au contraire, que tu ailles à Cheltenham et que tu m'attendes en Angleterre, si tu le peux raisonnablement.

Je suis dans la pensée entière de ne prolonger mon séjour ici qu'aussi longtemps que je le croirai nécessaire pour ne pas aggraver la position de celui pour lequel j'ai déjà tant fait.

J'attends avec impatience l'arrivée des trois prêtres ou médecins que les journaux nous annoncent et, s'ils sont à la hauteur de leur rôle, je quitterai le sol maudit de Longwood. Quel beau jour pour moi que celui où je te presserai sur mon cœur, et ma Lili! Je les embrasse, mes pauvres enfants; je les aime tous bien tendrement, et si Lili vient plus souvent à ma pensée, c'est qu'elle me caressait plus. Recommande à Tristan de bien travailler. Dis lui que, s'il m'aime, il te rendra heureuse, ne te donnera jamais de chagrin, et soignera bien ses sœurs et son petit frère Charles. Rappelle-moi au bon souvenir de Yolande, bonne et excellente sœur. Tu sais ce que je pense quand je pense à toi, n'est-ce pas dire toujours : sois heureuse! A toi, tout à toi, pour la vie!

M.

Longwood, ce 3 août 1819.

Je ne t'écrirai qu'un mot aujourd'hui, ma bonne Albine; c'est presque impardonnable lorsque l'on est si loin, si longtemps sans lettres, mais je suis mal disposé et je craindrais de te communiquer toute la tristesse de mon âme.

Toujours rien de nouveau ici; presque tous les jours, des bâtiments signalés, mais aucun qui nous amène les médecins tant annoncés et si impatiemment attendus par moi! Quelle vie, grand Dieu! Je n'aurai jamais le courage de prolonger notre séparation; j'avoue toute ma faiblesse. J'ai un besoin de toi que je ne puis exprimer. Il me semble que, de la vie, il ne me reste plus que les peines et un souffle insupportable. Je cache autant que je le peux le chagrin qui m'accable; personne ici ne m'entendrait, personne n'y sait aimer, et je n'y trouve, au lieu de cœur, que des morceaux de lave refroidis par le temps!

La manie du mariage gagne Marchand; Aly, Archambaud (1) sont comme des fous. Ils frappent à toutes les portes et mettent tout en œuvre pour arriver à leur but. Cependant, il n'y a toujours qu'Aly qui ait le consentement, à condition que sa belle restera chez Mme Bertrand; je crois même qu'ils y demeureront. Marchand a quelque espérance. Quant à Archambaud, il n'éprouve que des refus, des bourrades, même des menaces d'être chassé honteusement; mais, à mon avis, il sera le premier marié.

Voilà tout ce que Longwood offre de nouvelles à te raconter, si ce n'est le fameux mur de gazon que l'on désirait depuis si longtemps, que j'ai enfin eu ordre de demander et qui a été fait en prolongation de la bibliothèque, de manière à couper le vent. Aussitôt, projet d'augmenter le petit jardin, ce qu'on exécute dans ce moment. Point de travail; ni lui ni moi ne sommes disposés; des journées bien tristes, des pensées plus tristes encore!

Adieu, mon Albine, soigne bien ta santé. Te soigner, c'est me prouver que tu m'aimes. Embrasse nos enfants pour moi. A toi, tout à toi, pour la vie.

M.

---

(1) Serviteurs de l'Empereur.

Longwood, ce 11 août 1819.

Un bâtiment charbonnier est arrivé d'Angleterre; il en était parti le 24 mai. Il n'a apporté aucune nouvelle des médecins envoyés de Rome, si ce n'est toujours qu'ils étaient arrivés à Londres le 19 avril. Je désespère de les voir ici.

Il me semble, mon Albine chérie, qu'en cela même, le sort conjure pour allonger notre cruelle séparation; car enfin, s'ils arrivaient, rien ne pourrait raisonnablement m'obliger à rester à Sainte-Hélène quand tu n'y es plus. On parle toujours de l'*Abondance* et de M. Malcolm (1) à bord; mais pas plus d'*Abondance* que de médecins italiens, et le triste Longwood est encore aujourd'hui tel que tu l'as quitté : monotone, insoutenable! Il fait un temps affreux et je crois, par moments, que ma baraque sera emportée par le vent; nous n'en avons pas encore vu un aussi violent depuis que nous sommes dans ce pays.

Je te disais, dans ma dernière lettre, que la manie de se marier était à la mode; je ne croyais pas alors que, dans la semaine, nous aurions un mariage. Dimanche, le fougueux Archambaud, en dépit de la foudre qui gronde sur sa tête et du courroux le plus

---

(1) L'amiral ou son frère, dont on avait parlé comme devant remplacer sir Hudson Lowe; ce bruit avait couru à Sainte-Hélène. — Du C.

prononcé, mène à l'autel la pudique Mary. Tous ses camarades sont furieux et prétendent qu'ils ne lui parleront plus.

Bertrand vient me conter ses tourments : hier soir, il était à sa troisième bourrade de la journée sur ce mariage qu'on veut qu'il empêche et dont on le rend responsable en l'accusant d'en être la cause. Sa femme joue, en ceci, son rôle accoutumé, et moi qui ne m'en mêle pas, je ris sous cape de ces scènes ridicules qui, heureusement, se passent dans l'ombre.

Il en sera en ceci comme en toutes choses ; il n'y a que le premier pas qui coûte et, avant la fin de l'année, ils seront tous mariés. Noverras et Joséphine se disent toujours les gens les plus heureux du monde ; elle vient régulièrement veiller à mon linge et donne tous les jours son coup d'œil chez toi.

Si tu revenais, tu trouverais chaque chose à la place où tu l'as laissée, même un pied de bonnet sur la fenêtre et un soulier bleu sur ma table.

J'ai passé mes journées sur ton canapé, mes livres sur la petite table chinoise du pied de ton lit, sur ta fenêtre et sur celle du cabinet. Je fais le désespoir d'Aly : il prétend que j'ai plus de cent volumes, que je ne lui rends rien ; cela est vrai, mais je ne l'écoute pas.

Toujours point de travail. La lecture à la mode est l'Evangile, Bossuet, Massillon, Fléchier, Bourdaloue, etc.

Pour moi, je ne lis ni l'Evangile, ni Bossuet, ni

Massillon ; mais je prie Dieu de toute la force de mon âme qu'il me rende mon Albine et mes enfants. Votre souvenir est sans cesse présent à ma pensée et je suis comme absorbé par le besoin que j'ai de vous ; en toutes choses, tu manques à ma vie, je ne puis me passer de toi. Est-ce la solitude de Longwood ? Non, car je ne m'ennuie pas : c'est l'amour fortifié par l'habitude, et je puis dire qu'en me séparant de toi, on m'a privé de la moitié de moi-même. Je n'éprouve pas, comme dans nos précédentes séparations, ce mal aigu qui me portait à l'agitation et à l'exaltation ; je suis calme ; mon mal est profond ; tout mouvement m'est désagréable et je ne me trouve soulagé que dans l'inaction et la solitude.

Bertrand continue à venir me voir régulièrement ; quant à sa femme, je ne l'ai pas vue depuis huit ou dix jours.

Adieu, mon Albine chérie ; soigne bien ta santé. Je calcule que tu es déjà arrivée ou du moins bien près de l'être ; tu auras donc six semaines à prendre les eaux de Cheltenham, si l'on te permet d'y aller.

J'espère un peu qu'avant l'hiver je serai près de toi. Je le désire si ardemment que je ne puis croire que mes vœux ne soient pas exaucés.

Embrasse bien mes pauvres enfants pour moi : Edouard (1), Tristan, Charles, Lili, Joséphine. Dis à

(1) Edouard Roger, son beau-fils, qui était déjà âgé de quinze ans et demi (comte Roger, *du Nord*). — Du C.

ma Lili que son papa l'aime bien. A toi, tout à toi, pour la vie. Mille baisers.

M.

Bon et bien tendre souvenir à Yolande et à Edmond. Je n'ai pas besoin de te recommander de ne jamais répondre à tous mes commérages sur Longwood. Tu ne dois jamais oublier qu'on voudra lire tout ce que tu m'écriras.

QUELQUES LETTRES DE LA COMTESSE DE MONTHOLON

Monsieur le comte de Montholon, à Longwood (Sainte-Hélène).

Paris, 30 juillet, partie le 2 août 1820.

Tu es au milieu de nous, je t'assure. Lili (1), chaque jour, met à part quelque chose pour son papa qui, dit-elle, arrive, toujours dimanche prochain. Elle veut avoir de nouvelles robes et comme Hortense (2).

J'ai remis Tristan en pension. Charles (3) t'aime comme s'il te connaissait. C'est l'idole de Yolande (4). Elle admire trop tout ce qu'il dit, ce qui lui donne souvent des tons faux.

C'est moi au physique et toi au moral. J'ai souvent des nouvelles d'Emilie; c'est bien la meilleure fille du monde. Adieu, mon Charles, aime-moi. Sois heureux, si l'on peut l'être loin de ce qu'on aime!

(1) Napoléone de Montholon, née à Sainte-Hélène, le 16 juin 1816 (comtesse de Lapeyrouse-Bonfils).

(2) Hortense Bertrand.

(3) Charles de Montholon, né en 1814, qui, vu son bas âge, n'avait pu partir pour Sainte-Hélène. — Du C.

(4) Yolande de Vassal, marquise de Monglas, qui s'était chargée de son neveu Charles, en l'absence des parents. — Du C.

Console-toi de ton sort en pensant à celui que tes soins adoucissent. Toutes les positions ont leurs avantages et leurs désagréments. Il y a toujours quelques mauvaises années dans la vie : quand ces années orageuses et sombres laissent après elles le sentiment d'avoir fait son devoir, elles ne peuvent être appelées stériles. Rappelle-moi au souvenir de l'Empereur; je ne vois que trop qu'il ne pense plus à moi. Il n'importe, je dirai : Fais ce que dois, advienne que pourra.

Adieu, mon Charles, je t'embrasse.

ALBINE.

Paris, le 15 août 1820.

C'est aujourd'huy le 15 août, et mon esprit est fixé sur la réunion accoutumée. Je vous vois tous dans le billard. Les enfans sont bien parés. Je vois la jolie Hortense avec ses beaux cheveux noirs bouclés, Mme Bertrand dans ses atours, et toi, mon pauvre Charles, tu fais une mine encore plus triste qu'à l'ordinaire, en pensant aux absens. Je fête ma Lili, mais bien tristement, je t'assure. Je dînerai avec mes enfans; je leur parlerai de vous. Tristan pleurera au souvenir de cette journée naguère si belle pour lui, maintenant si terne! Tu crois que ta fille t'oublie : tu es dans l'erreur. Je te l'ai dit et je te le répète :

tu es présent à sa mémoire comme si elle ne t'avait jamais quitté. Je ne puis même insister sur l'éloignement où tu es de nous sans que son cœur se gonfle. Elle te mêle à tous ses jeux; elle t'écrit, et toujours pour que tu reviennes. Elle a un cœur parfait. On ne peut être plus gentille, plus caressante, plus sensible, plus reconnaissante, plus aimable à tous; c'est une merveille enfin. J'ai eu aussi mon tour d'être malade. Je viens d'avoir un rhume très fort, sans fièvre cependant; mais je suis changée. J'ai toujours mes douleurs de rhumatisme. Ma poitrine est devenue délicate depuis la fluxion de poitrine que j'ai eue à Sainte-Hélène. J'ai manqué la première saison des eaux; je prendrai la seconde, qui dure tout septembre. Mon médecin pense sur moi comme en pensait Corvisart (qui vit encore) et Barbier.

Je suis étonnée que, dans tes lettres, tu ne me dises jamais si tu as pris quelque détermination qui me mette à même de cesser la gestion que tu m'as confiée.

. . . .

Tous les retards me désespèrent. Je donnerais tout un monde pour que cette affaire fût terminée, et tu as l'air de n'y pas songer. Jamais je n'irai te rejoindre en laissant les choses en l'état. En outre du capital, il y a les intérêts qui courent à ton grand détriment : cela fait boule de neige.

. . . .

Je me suis occupée du cuisinier (1); j'en ai un et vais le faire partir. J'en ai manqué un qui me plaisait bien, mais il voulait 8,000 francs, et je n'ai pas osé dépasser à ce point tes ordres. Celui-là a été dans la maison et s'est beaucoup formé depuis. Il n'est pas à Paris, et je ne le verrai pas, étant obligée de partir pour les eaux; mais il n'importe; tu penses bien que j'ai pris toutes les informations et l'on m'en répond. Que ne permet-on de m'occuper seule d'un remplaçant pour toi? En voulant que la famille s'en mêle, on a tout paralysé. Si les Bertrand reviennent, ce qui est possible, à cause de la mort de leur père, il faut faire une demande officielle pour le remplacer et le charger (lui et moi) du choix. Je n'entends plus parler de Las-Cases. J'ai su que son procès était terminé et qu'il était rentré dans ses fonds.

Adieu, mon cher Charles; sois l'interprète de mes vœux auprès de l'Empereur.

Je t'embrasse très tendrement. ALBINE.

A Monsieur le comte de Montholon, à Longwood.

Paris, ce 16 août 1820.

Depuis ma dernière lettre, mon cher Charles, j'en

---

(1) Mme de Montholon avait été chargée de chercher un cuisinier pour l'Empereur. Celui qu'elle choisit s'appelait *Chandelier*. Il a vécu à Paris jusqu'à un âge avancé. L'Empereur lui avait fait un legs. — Du C.

ai enfin reçu deux de toi, du 25 mai et 6 juin. Ce que tu me dis de ta santé me fait un grand plaisir. J'aime à croire que tu ne me trompes pas et que ce n'est pas pour diminuer mes inquiétudes que tu m'assures être rétabli. Tu te plains des craintes chimériques que je me fais sur ton état; tu recevras encore plusieurs lettres où je te témoigne ces mêmes craintes, fondées sur la maladie que tu as éprouvée après mon départ, et qui m'a fait t'engager à revenir.

Tu me dis que jamais tu ne reviendras que tu ne sois remplacé. Je t'approuve, mon ami, et te dois à ce sujet une explication.

Je n'ai jamais eu d'autre opinion que celle que tu manifestes; mais le jour où tu m'as écrit d'une manière qui me prouvait que, soit par le chagrin, soit par l'influence du climat, tu étais réellement en danger, j'ai dû te dire : la santé avant tout, reviens, et je te le dirais encore dans le même cas. J'ai dû même, pour affaiblir les liens fondés sur les devoirs qui te retiennent, peser sur d'autres devoirs également sacrés et t'exagérer le besoin que j'avais de ta présence et de tes soins. Sans aucun doute, même étant remplacé, tu nuirais à ta considération si tu abandonnais le parti que tu as pris; c'est cette conviction qui m'a fait t'offrir d'aller te rejoindre si ma santé ne s'y oppose pas. Je sais, ou plutôt, je sens que nous ne pouvons vivre éternellement ainsi. Sous le rapport d'affection et de bonheur quotidien, j'ai bien plus besoin de toi que tu ne peux te l'imaginer. Rien ne peut me dédommager de la privation de tes soins et de mon intérieur. C'est un sacrifice peut-être au-dessus de mes forces; mais je l'ai fait et ne m'en repens pas, puisque je le devais. Je n'ai toujours pas de réponse de la princesse Borghèse au sujet de la démarche que je l'ai priée de faire pour ton remplacement. En voulant que sa famille s'en mêlât, on a tout paralysé. Personne ne s'est encore présenté. C'est une chose bizarre que l'appréhension que chacun a d'aller sur votre rocher. Ne crois pas que j'aie attendu ce que tu m'en dis pour charger le mari de Mariette de s'en occuper. Tu crois que je les vois : tu te trompes bien. Le mari m'a fait dire qu'il ne venait pas parce qu'il craignait que cela ne le compromît. La peur est la vertu à la mode, et peur de quoi? C'est par trop bête! Tu te fais bien des illusions sur les anciennes amitiés et la reconnaissance!

Si le comte Bertrand revenait par suite de la mort de son père, il faudrait faire en même temps une demande officielle pour son remplacement, ce qui ira tout seul, et demander que le choix lui soit soumis; ou, si vous voulez qu'il le soit à la famille, écrire une lettre *ad hoc* à Madame, qui ne laisse aucun prétexte aux refus et aux lambineries. Au surplus, si je trouvais un individu convenable, je solliciterais la faveur de vous l'envoyer, et j'espère que j'obtiendrais cette justice. Je n'ai qu'à me louer de l'exactitude avec laquelle je reçois tes lettres, et je voudrais bien qu'il en fût de même pour toi.

Nos enfans se portent bien et sont de bons enfans. La vie de Paris ne me plaît pas du tout. Si tu viens, je te demanderai de me mener voyager. Je ne partirai que dans une quinzaine pour Plombières. Je t'assure, mon ami, que je dis aussi bien que toi : « Vanité des vanités! tout n'est que vanité ! » Je désire que tu le sentes comme tu le dis; nous ne nous querellerons pas pour cela.

Si Longwood n'était pas sous l'influence du climat, la vie que l'on y mène serait beaucoup plus d'accord avec mes goûts que celle du monde. Toi seul est juge, mon ami, de ce qui convient à ton bonheur. Pour moi, je crois connaître ton cœur, et je suis persuadée que tu n'auras pas plutôt dit adieu aux noires montagnes du triste séjour, que tu en seras aux regrets. Permets-moi donc de te faire une question :

Si ce n'était ma santé et la tienne, aimerais-tu mieux vivre là encore quelques années avec moi qu'ici ? Adieu, mon ami, pardonne-moi mes rêveries et ne vois en moi qu'un désir, celui d'être réunie à toi. Vous devez avoir reçu maintenant une quantité de livres; je me suis toujours occupé de tes instructions à cet égard. As-tu celui de M. de Montoison (?) sur l'Angleterre et qu'en penses-tu ? Je n'ai pas eu le courage de le lire. Je lis dans ce moment les œuvres de lord Byron. Il ne ménage pas l'Empereur. A cela près, le genre me plaît beaucoup.

Il est 2 heures. Adieu ! Ne me juge jamais qu'avec ton cœur. Je t'embrasse mille fois.

ALBINE.

LETTRES DIVERSES

LETTRE DU PRINCE EUGÈNE A Mme DE MONTHOLON.

13 octobre 1819.

Madame la Comtesse,

J'ai reçu la lettre que vous m'avez écrite de Bruxelles, à la date du 30 septembre dernier. Je vous remercie infiniment des détails que vous avez bien voulu me donner sur Longwod; ils me sont bien chers et en même tems bien douloureux. J'ai aussi sous les yeux la note des cinq lettres de change dont deux sont échues en ce moment. Je prends de suite les mesures nécessaires pour qu'il y soit fait honneur et successivement aux trois autres. Il n'a pas dépendu de moi d'éviter les retards que les précédentes ont éprouvés. Je crois pouvoir vous assurer que l'acquittement de ces cinq dernières sera exactement fait aux échéances fixes à la maison Holmes, avec laquelle vous êtes déjà en rapport. Vous pouvez être tranquille sur ce point. Je vous serai seulement obligé de vouloir bien faire savoir que je désire qu'elle m'envoye directement à Munich et sûrement les traites à mesure de leur acquittement.

Quant au second article de votre lettre, je regrette beaucoup, Madame la Comtesse, de ne pouvoir vous donner la même satisfaction. Je suis plein d'estime et d'admiration pour le dévouement et la fidélité et je voudrais pouvoir trouver dans les débris de ma fortune des moyens d'aider la reconnaissance de celui envers lequel on a fait preuve de ces nobles sentimens; mais j'ai des devoirs à remplir envers ma nombreuse famille et je compromettrais ses intérêts et mon repos si je prenais des engagemens au-dessus de mes forces. Vous comprendrez parfaitement ces observations. Croyez, Madame, qu'il m'en coûte beaucoup de vous les soumettre et que je sens vivement le regret de ne pouvoir accomplir un vœu dont j'apprécie le mérite.

Agréez, Madame la Comtesse, mes souhaits empressés pour le rétablissement de votre santé et l'hommage de ma considération distinguée.

Signé : Prince EUGÈNE.

Munich, ce 13 octobre 1819.

LORD HOLLAND A LA COMTESSE DE MONTHOLON.

Holland-House, ce 13 mars 1820.

Madame,

J'ai reçu la lettre que vous m'avez fait l'honneur de m'écrire le 31 de janvier. J'étais, dans ce moment-là, tourmenté de la goutte, mais je n'ai pas tardé à faire connoître à lord Bathurst vos démarches et le sujet de votre lettre, et j'ai l'honneur de traduire ici ce qu'il m'a répondu : « Voici ce que je ferai : je dirai à sir Hudson d'avertir Bonaparte qu'en cas qu'il désire que quelqu'un vienne de l'Europe pour remplacer l'un ou l'autre de ces messieurs (le comte de Montholon ou le comte Bertrand), l'on invitera le cardinal Fesch ou la princesse Borghèse a arranger cette affaire. »

C'est à cela que se borne tout ce que lord Bathurst a pu faire dans cette occasion; j'espère que vous pourrez, de cette manière, obtenir le retour de M. le comte de Montholon sans que son départ de cette malheureuse isle laisse sans les secours qui lui sont nécessaires celui qu'il a servi si noblement. J'ai déjà eu l'honneur de vous écrire combien je désire justifier la confiance dont vous m'honorez et dont je suis si flatté, soulager vos chagrins et être de quelque utilité aux prisonniers de Sainte-Hélène; mais il faut, comme j'ai déjà eu l'honneur de vous observer, en choisir les moyens avec prudence et ceux qui peuvent vous paroître les plus naturels sont peut-être les plus dangereux ou les moins efficaces. Par exemple, appeler les ministres à une discussion parlementaire sur l'exercice des pouvoirs discrétionnaires que la loi malheureusement leur a confiés à l'égard des affaires de Sainte-Hélène, ce seroit s'exposer aux plus grands inconvéniens sans avantage pour ceux qui vous intéressent.

Agréez, Madame, le respect et le dévouement avec

lesquels j'ai l'honneur d'être votre très humble serviteur.

Signé : Vassall Holland (1).

Lettre du roi Joseph a Napoléon.

9 mai 1820.

Mon cher frère,

Je n'ai reçu aucune réponse aux diverses lettres que je vous ai adressées par diverses occasions : j'ai presque l'assurance que deux entre autres vous ont été remises par deux Américains allant aux Grandes Indes. J'apprends que votre santé est un peu meilleure depuis que vous faites un peu plus d'exercice; je vous y engage beaucoup : la cause de Votre Majesté n'est pas encore perdue, il est certain que les peuples sont unanimes dans leur exaspération contre la Sainte-Alliance. Je suis ici seul, la santé de ma femme et d'autres causes ont empêché quelques-uns de notre famille de me rejoindre, de sorte que je suis encore aujourd'hui aussi isolé que lors de mon arrivée dans ce pays — le meilleur et le plus heureux du monde, sans contredit, pour celui qui ne désire que vivre libre et tranquille et qui n'y est pas aussi seul que je le suis moi-même. — J'avois bâti une très belle maison pour ma famille que j'ai toujours atten-

---

(1) Fils du célèbre Fox, lord Holland.

due, elle a été détruite par le feu le 4 janvier dernier; j'ai perdu dans cette circonstance la bonne moitié de la fortune qui me restoit; tous les efforts des habitans n'ont pu sauver un cabinet où étoit contenu tout ce que j'avois de plus précieux.

Les deux caisses de papiers que vous m'aviez fait envoier quelques jours avant de quitter Paris ne m'étoient pas encore arrivées, sans quoi elles eussent aussi été perdues; je ne les ai pas encore reçues aujourd'hui, mais je sçais qu'elles sont en sûreté. On m'a demandé à plusieurs reprises, de la part de Votre Majesté, des lettres qu'Elle m'auroit remises à Rochefort. Il y a erreur, je n'ai *rien* reçu à Rochefort ni ailleurs dans ces circonstances, excepté les deux caisses de papiers à Paris; si Votre Majesté a eu l'intention de me faire remettre les lettres qu'on me demande, il faut qu'Elle tâche de se rappeler à qui Elle a donné l'ordre de me les remettre et à qui on les a remises; ce n'est malheureusement pas à moi.

M. de Las-Cases m'écrivit dans le temps qu'il avoit laissé cent mille francs à Votre Majesté, je lui fis compter un premier payement de mille livres sterling; il m'a écrit depuis qu'il a été remboursé de la totalité. Les sieurs Rousseau et Archambault, venus de Sainte-Hélène depuis trois ans, sont ici. Ils sont payés pour cinq ans d'avance de la pension qui leur est allouée par le livret dont ils sont porteurs, signés par le général Bertrand.

Votre Majesté a sans doute été instruite que les princes de la Maison de Bourbon ont confisqué, en rentrant en France, tout ce qu'Elle avoit consenti à faire recevoir par sa liste civile et par sa famille afin de laisser le numéraire disponible pour les besoins des armées, ainsi que pour (*sic*) une somme de 7 à 800,000 francs que je lui avois remis en diamans et qu'elle avoit fait payer en billets au choix de mon beau-père; ces billets ont aussi été saisis, il a dû soutenir un procès qui a été perdu en seconde instance après l'avoir gagné au premier tribunal sous le nom de la maison Baraudon; je la nomme parce que c'est sous ce nom que les papiers publics en ont rendu compte dans le temps. J'entre dans ces détails pour que Votre Majesté soit instruite de la vérité et qu'elle ne puisse pas élever le moindre doute sur la fidélité et la délicatesse de mon beau-père dans cette circonstance. Elle se rappelle sans doute que les valeurs qui lui furent confiées étoient toutes en papiers, et leur sort est constaté par les actes publics du Gouvernement et par une sentence unique rendue par la Cour d'appel sous l'influence des ultra.

..... On a beaucoup accueilli dans ce pays un ouvrage publié par le docteur O'Meara; toutes les éditions française et anglaise en ont été épuisées sur-le-champ, on l'a réimprimé à Philadelphie et à New-York.

Des Français de marque qui étaient ici, il ne reste que le comte Réal, établi sur le Saint-Laurent;

il n'a jamais varié dans ses opinions. Le maréchal Grouchy part pour la France, le général Clausel a demandé à rentrer, le général Lefebvre-Desnouettes est sur ses terres; le général Lallemand l'aîné est à la Nouvelle-Orléans, le général Henri Lallemand est marié avec la nièce du plus riche particulier des Etats-Unis, Girard. Il vient de publier en quatre volumes un ouvrage sur l'artillerie. Les sentimens de ces deux frères sont aussi fermes que ceux du comte Réal.

De Votre Majesté, le dévoué et affectionné frère,

JOSEPH.

Paris, le 7 juin 1821.

Madame la Comtesse,

J'ai été invité par M. le ministre des Affaires étrangères à désigner un médecin destiné à être envoyé à Sainte-Hélène. Dans la négociation qui a eu lieu à ce sujet, M. l'ambassadeur d'Angleterre m'a conseillé de vous adresser M. Pelletan fils, le médecin désigné, et qui aura l'honneur de vous remettre cette lettre, afin qu'il pût recevoir de vous quelques renseignemens sur Longwood.

Recevez l'assurance du respect avec lequel je suis, Madame la Comtesse, votre très humble et très obéissant serviteur.

Le Bon DES GENETTES,
Premier médecin des armées.

A Madame la comtesse de Montholon.

A Madame,
Madame la comtesse de Montholon, à Paris.

Trieste, le 22 janvier 1821.

Madame,

J'ai su par mon beau-frère que ma lettre vous était parvenue, et, quoique je n'ai pas encore de réponse de vous, je n'ai pour cela conçu aucune inquiétude. Je trouve même bien convenable que, dans l'affaire qui nous occupe, les lettres (et surtout celles qui vont par la poste) ne soient pas prodiguées. Celle-ci vous sera remise par M. Abbatucci, qui vous est sans doute déjà connu par son dévouement à la cause et à la famille de l'Empereur; c'est un des hommes que j'aime et que j'estime le plus.

J'attends avec impatience le résultat des démarches que vous avez faites en ma faveur près du gouvernement anglais. Si mon départ n'éprouve pas d'obstacles, je désire pouvoir, avant de partir, me rendre à Paris où j'ai quelques affaires de famille à régler. Je ne sais s'il vous sera possible de stipuler quelque chose pour moi à ce sujet.

PLANAT (1).

---

(1) De Planat, officier d'ordonnance de l'Empereur, allait partir pour Sainte-Hélène lorsque Napoléon mourut.

M. Barry (1) a la comtesse de Montholon.

Londres, le 4 Juillet 1821.

Ah! ma chère Madame, les persécuteurs de l'illustre victime ont enfin rassassié leur vengeance. Rien ne reste du grand Napoléon que le souvenir de son (*sic*) grandeur et de ses malheurs. Le 5 du mois passé, cette auguste personne a rendu son dernier soupir à six heures du soir, après une longue maladie qu'il a supporté avec la fortitude et l'équanimité profixe à lui seul (*sic*). Il était sensible jusqu'au dernier moment et a donné des ordres relatifs à ses affaires et à son enterrement avec la plus grande tranquillité et sang-froid. Son corps a été enseveli dans un endroit qu'il a choisi lui-même, à ce que l'on m'assure, quelques jours avant son décès. Les agens du gouvernement mandent qu'il est mort d'un cancer de l'estomac, mais j'ai raisons de croire qu'il était affligé aussi d'un abscès du fois. Cette nouvelle effrayante est venu ici par le *Rosario*, bricq de guerre, le capitaine de lequel (*sic*) a vu le corps inanimé du grand captif avant son départ. Ah! Madame, vous aurez besoin de tout votre courage et de tous les efforts de la religion pour supporter cette affliction. Le temps me presse et je ne puis plus que de

(1) Secrétaire, croit-on, de lord Bathurst.

vous assurer de mes sentimens et de l'affliction avec laquelle.....

Adieu, ma chère Madame.

E. BARRY.

LA PRINCESSE BORGHÈSE AU GÉNÉRAL MONTHOLON.

Villa Pauline, ce 15 juillet (1).

Monsieur le général Montholon, j'ai reçu votre lettre apportée par l'abbé Bonavita; les nouvelles affligeantes de l'état de santé de l'Empereur m'ont d'autant plus mis au désespoir que, depuis deux ans, j'en étais tout à fait privée. Mon oncle le cardinal, maman me disaient n'avoir aucune nouvelle de Sainte-Hélène et ajoutaient d'être tranquille, que l'Empereur se portait bien et qu'il n'était plus là. J'ai donné des détails à M. de Planat qu'il vous communiquera. Aussitôt que le danger de l'Empereur m'a été connu, j'ai fait toutes les démarches possibles pour faire connaître son horrible position. J'ai même demandé à le rejoindre à Sainte-Hélène plus tôt que de le savoir mourant sans personne de sa famille qui puisse recevoir son dernier soupir. Je n'ai consulté que mon cœur en faisant cette de-

(1) Cette lettre de la princesse Pauline Borghèse prouve que la nouvelle de la mort de Napoléon, parvenue le 4 juillet à Londres, était ignorée le 15 juillet à Rome.

mande, car je suis loin d'être comme je le voudrais, mais j'espère que mes forces me soutiendront pour prouver à l'Empereur que personne au monde ne l'aime autant que moi.

Je vous prie, Monsieur le Général, de me donner directement à moi des nouvelles de la santé de Sa Majesté. Je partirai pour Frascati pour tâcher de me préparer au grand voyage, si l'on persiste à ne pas vouloir le changement de climat. Je vous assure que je souffre davantage ici de mes vives inquiétudes pour une vie si chère que de (voir) prolonger ses malheurs. Je vous prie de faire mes complimens au comte et à la comtesse Bertrand et de recevoir pour vous-même, Monsieur le Général, les assurances de ma parfaite estime.

Princesse PAULINE.

P.-S. — Je n'écris plus à l'Empereur; je sais qu'il n'aime pas à en (*sic*) recevoir puisqu'elles sont toutes lues, mais dites-lui qu'il commande et que je suis prête à tout faire pour lui.

Extrait de la lettre de Mme la comtesse de Lapeyrouse de Bonfils, envoyant les lettres qu'on vient de lire à son fils, M. le vicomte du Couëdic (1).

« ... Quant au projet de rentrer en France exprimé

---

(1) Lettre datée d'Aix-en-Provence, le 14 juin 1901.

par papa, il n'y a jamais songé sérieusement. C'est l'expression du sentiment passionné d'un homme épris; tout le prouve.

« Nous étions prêts à repartir pour Sainte-Hélène quand l'annonce de la mort de l'Empereur a éclaté à Paris comme un coup de foudre. Nous étions descendus à Paris, rue Caumartin, chez M. Gagnan (maison meublée).

« On fermait les malles; M. l'abbé Deguerry, l'otage de 1871, partait avec nous comme aumônier de l'Empereur; M. Andraud, professeur au collège de Juddilly, comme précepteur de mes frères, lorsque M. Rolland de Villarceaux, mon oncle (1), a été chargé d'apporter la fatale nouvelle à maman. Je ne l'oublierai jamais!

« Nous sommes partis deux jours après pour Portsmouth, afin d'y attendre mon père, le général Bertrand, M. Marchand, le docteur Antomarchi et l'abbé Vignali (2) qui a confessé et administré l'Empereur. Nous sommes restés dix-huit mois à Londres, *little Porstman street*, à côté de *Porstman square*, pour le dépôt du testament de l'Empereur à la tour de Londres et le règlement de toutes choses. Maman avait quitté Sainte-Hélène pour soigner sa santé délabrée, sauver, s'il était possible, ma petite sœur

---

(1) Oncle à la mode de Bretagne.

(2) L'abbé Vignali se retira chez lui, en Corse; il y périt assassiné pour cause de *vendetta*. — Du C.

Joséphine qui a succombé à Bruxelles, et mettre ordre à d'importantes affaires de famille en souffrance, telles que le partage de la succession de ma grand'mère Vassal. Elle était chargée d'instructions de l'Empereur et d'une mission spéciale auprès de la famille impériale. »

APPENDICE III

Extrait de la Généalogie

de la

MAISON DE MONTHOLON-SÉMONVILLE

XIV*. — Messire Mathieu, marquis de Montholon (1), chevalier, comte de Lee (2), chef de nom et d'armes, mestre de camp commandant le régiment Royal-Penthièvre-dragons, chevalier de Saint-Louis, premier veneur de S. A. R. Monsieur, comte de Provence, né à Paris le 1er août 1753, mourut à Paris le 19 avril 1788, laissant quatre enfants de son mariage avec Angélique-Aimée de Rostaing, née à

---

* Les chiffres romains indiquent le degré de la filiation qui fut établie avant la Révolution, pour l'admission aux honneurs de la Cour. — Du C.

(1) Descendant, à la septième génération, de François de Montholon, garde des sceaux de France sous François Ier, dont le fils, nommé aussi François, fut de même garde des sceaux sous Henri III. — Du C.

(2) Il fut réglé, par lettres patentes de Louis XVI, dûment enregistrées, que le titre héréditaire de comte de Lee serait, à perpétuité, porté par le fils aîné du marquis de Montholon. — Du C.

Paris le 14 mars 1756, mariée à Paris le 2 juin 1773 et décédée à Paris le 31 mai 1842, fille de Messire Philippe-Joseph, comte de Rostaing (1), chevalier, brigadier des armées du Roi, colonel du régiment de Grenoble (artillerie) (2), et d'Anne-Henriette de Lur-Saluces. La marquise de Montholon épousa en secondes noces Charles-Louis Huguet de Montaran-Sémonville (1754 - 1839), ancien conseiller au Parlement de Paris, devenu marquis de Sémonville, grand référendaire de la Chambre des Pairs. Celui-ci, n'ayant pas eu d'enfants, adopta ceux de sa femme qu'il avait élevés; ils devinrent ainsi légalement *Montholon-Sémonville* :

1° Marie de Montholon-Sémonville, née à Paris le 21 juillet 1777, décédée à Paris le 11 avril 1807. Elle avait épousé à Paris, le 11 octobre 1798 (20 vendémiaire an VII), Louis-*Ernest*-Joseph de Sparre (3), fils de Louis-

---

(1) Devenu lieutenant général, arrêté sous la Terreur, traduit devant le tribunal révolutionnaire et décédé en prison. On l'a souvent confondu avec son frère aîné, le marquis de Rostaing, aussi lieutenant général, mort en 1796, et avec un autre marquis de Rostaing, lieutenant général, qui fut député aux États généraux en 1789. — Du C.

(2) Napoléon Bonaparte débuta comme officier dans ce régiment. — Du C.

(3) Devenu lieutenant général, grand-croix de Saint-Louis et pair de France héréditaire. La similitude de noms de baptême, de titre et de grade a fait que les généalogistes et biographes ont souvent confondu le père et le fils. — Du C.

Ernest-Joseph, comte de Sparre, lieutenant général, ex-colonel-propriétaire du régiment Royal-Suédois, et d'Adélaïde-Thérèse Hardouin de Beaumois (1);

2° Félicité-Françoise de Montholon-Sémonville, née à Paris le 16 septembre 1780 et morte au château de Frémigny, près Bouray (Seine-et-Oise), le 21 septembre 1804. Elle avait épousé en premières noces, à Grandpré (Ardennes), le 18 juillet 1799, le général Barthélemy Joubert, commandant en chef l'armée d'Italie, qui fut tué le 15 août suivant, à la bataille de Novi, et elle se remaria à Paris, le 26 juin 1802, au général Macdonald, depuis maréchal de France, dont elle eut une fille unique, Sidonie Macdonald, qui épousa le général marquis de Rochedragon, dont postérité;

3° *Charles*-Tristan de Montholon-Sémonville *(le général Montholon)*, qui suit;

4° Louis-Désiré de Montholon-Sémonville, dont nous rapporterons la descendance après celle de son frère aîné.

---

(1) La comtesse de Sparre, née Montholon, laissa un fils. Sa postérité subsiste.

PREMIER RAMEAU

XV. — *Charles*-Tristan de Montholon-Sémonville (1), marquis de Montholon, comte de Lee, puis comte de l'Empire français *(fils aîné de Mathieu et d'Angélique-Aimée de Rostaing)*, naquit à Paris le 21 juillet 1783. Il hérita en 1788 de la charge de Cour de son père. Il débuta dans l'armée, étant juste âgé de seize ans, comme *volontaire*, à la suite de l'état-major de son beau-frère Joubert, commandant en chef l'armée d'Italie, et assista à la bataille de Novi où Joubert fut tué, le 15 août 1799. — Le 7 octobre suivant, il fut nommé adjoint du génie par le général en chef Championnet, puis confirmé dans ce grade le 18 mars 1800; — nommé lieutenant, attaché comme aide de camp au général Augereau, le 31 mai 1800; — capitaine le 3 novembre 1801; — chef d'escadrons en 1807; — adjudant-commandant (*colonel d'état-major*) en 1809; — *chambellan de l'Empereur* et *comte de l'Empire* en 1809; il obtint, le 15 août de la même année, une dotation de 4,000 francs de rentes sur les biens réservés en Hanovre. — Il fut nommé, le 20 janvier 1812, ministre plénipotentiaire près

(1) Divers ouvrages ayant donné des renseignements très erronés sur la carrière du général Montholon, nous avons cru devoir insérer ici un article biographique sommaire mais exact, et relater ci-après (pages 242-243) une copie d'extrait authentique des *Registres matricules et documents des archives de la Guerre*. — Du C.

S. A. I. et R. le grand-duc de Wurtzbourg (1) (*Confédération du Rhin*), poste qu'il occupa jusqu'au 10 décembre 1812, date de sa mise en disponibilité. — Il fut rappelé à l'activité, comme colonel chef d'état-major de la 2e division du 3e corps de cavalerie, en avril 1813. Il commanda le département de la Loire à dater du 2 mars 1814. Maréchal de camp le 23 août 1814, il resta sans emploi jusqu'à l'année suivante. Il fut rappelé à l'activité en 1815, devint aide de camp de Napoléon qui le nomma général de division le 15 juin 1815 (veille de la bataille de Ligny); mais ce dernier grade ne fut pas confirmé (2).

Le général Montholon avait fait onze campagnes au cours desquelles il s'était brillamment distingué, notamment en Italie, à Austerlitz, à Iéna, à Friedland, à Ratisbonne et à Wagram. Il avait reçu cinq blessures.

Il partit pour Sainte-Hélène le 17 juillet 1815, et ne rentra en France que le 18 octobre 1821, plus de cinq mois après la mort de Napoléon qui l'avait choisi pour exécuteur testamentaire, avec les généraux Bertrand, Gourgaud et M. Marchand.

Il avait été rayé des contrôles de l'armée à dater du jour de son départ pour Sainte-Hélène et consi-

(1) L'archiduc d'Autriche Ferdinand, ex-grand-duc de Toscane.

(2) Archives de la Guerre : Relevé manuscrit des officiers généraux (Voir Mazas, *Histoire de l'ordre de Saint-Louis*, tome II, page 102, en note).

déré comme en réforme, sans traitement. Réintégré dans les cadres de l'armée en 1831, il ne reprit pas de service actif (1).

En 1840, il fut arrêté à Boulogne avec le prince Louis-Napoléon, condamné, par arrêt de la Cour des Pairs, rendu le 6 octobre 1840, à vingt ans de détention et, par suite, rayé des contrôles de l'armée. Prisonnier dans la citadelle de Ham, il fut, après l'évasion du Prince, gracié, relevé des effets de sa condamnation et réintégré dans les cadres de l'armée le 10 juillet 1846; — retraité, pour ancienneté de services, le 17 mai 1850; — relevé de la retraite et placé dans la section de réserve le 2 mars 1853.

Après la révolution de 1848, il avait été élu député du département de la Charente-Inférieure et il conserva ce mandat jusqu'au coup d'Etat du 2 décembre.

Le général Montholon venait d'atteindre l'âge de 70 ans lorsqu'il mourut à Paris, le 20 août 1853.

Il avait épousé en premières noces, en 1812, *Albine*-Hélène de Vassal (2), née à Paris vers 1780(3),

---

(1) Le général Montholon publia, avec le général Gourgaud, son ancien compagnon d'exil, les *Mémoires pour servir à l'histoire de France sous Napoléon, écrits à Sainte-Hélène sous sa dictée* (Paris, 1823, 8 volumes in-8°). Il est l'auteur de l'*Histoire de la captivité de Napoléon à Sainte-Hélène* (Paris, 1847, 2 volumes in-8°), et de beaucoup d'articles historiques et militaires dont la plupart furent publiés dans le *Dictionnaire de la Conversation*.

(2) Ce sont ses *Souvenirs* qu'on vient de lire.

(3) L'acte de baptême, brûlé lors de l'incendie de l'Hôtel

fille de feu André de Vassal, écuyer, seigneur de Saint-Hubert, de la Fortelle et autres lieux, ancien député de la noblesse du Languedoc à l'Assemblée des notables, ancien receveur général des finances et fortifications d'Auvergne, du Languedoc, du Roussillon et du comté de Foix, et d'Anne Pas de Beaulieu.

Le général Montholon épousa en secondes noces Caroline-Jane O'Hara, née à Londres en 1802, décédée à Bordeaux en 1886, fille du colonel J. O'Hara, de l'armée anglaise, et de J. Johnson.

Mme de Montholon, née O'Hara, eut un fils unique : Charles-Jean-*Tristan*, comte de Montholon, mort le 1er septembre 1899, à Berne, où il était ambassadeur

---

de Ville en 1871, n'a pas été reconstitué. Mme de Montholon avait eu, d'un précédent mariage, un fils né à Paris, en décembre 1803. Edouard, comte Roger, souvent dénommé dans les assemblées parlementaires *Roger (du Nord)*, qui, après avoir servi dans la diplomatie sous la Restauration et au début du règne de Louis-Philippe, donna sa démission comme chargé d'affaires à Dresde et fut élu député du Nord, mandat qu'il conserva jusqu'au coup d'État du 2 décembre 1851. Il fut réélu en 1871 et devint ensuite sénateur inamovible. Le comte Roger est mort à Paris en 1881. Il avait épousé en 1827, à Constantinople, une fille de son chef, le général comte Guilleminot, ambassadeur de France. Homme d'action, très brave, le comte Roger se distingua comme officier supérieur de l'état-major de la garde nationale, aide de camp du général Changarnier, en juin 1848. Il fut aussi plusieurs fois cité à l'ordre de l'armée pendant le siège de Paris, étant colonel de la garde nationale. Il était commandeur de la Légion d'honneur. — Du C.

de France, sans enfant, de son mariage avec Pauline Fè d'Ostiani, fille du comte Fè d'Ostiani, sénateur du royaume d'Italie, ancien envoyé extraordinaire, et d'N. de Sonza-Brèves.

Du premier mariage du général Montholon avec Albine-Hélène de Vassal naquirent quatre enfants :

1° Charles-François-Napoléon-*Tristan*, né en 1813, engagé dans la cavalerie en 1830, maréchal des logis au 12e régiment de chasseurs, mort en campagne, en Algérie, le 21 septembre 1831 ;

2° *Charles*-François-Frédéric, qui suit;

3° *Napoléone*-Marie-Hélène-Charlotte, née à Longwood (île de Sainte-Hélène) le 18 juin 1816, veuve en premières noces de Charles-*Raoul* vicomte du Couëdic de Kergoualer, officier supérieur de la marine, mort en activité de service en 1844, et, en deuxièmes noces, de Léonard-*Léonce* de Bonfils-La Blénie de Rochon, comte de Lapeyrouse, ancien lieutenant de vaisseau, ancien préfet, décédé à Marseille le 29 juin 1893 (1);

4° Marie-Caroline-Julie-Elisabeth-*Joséphine*-Na-

(1) La comtesse de Lapeyrouse, née Montholon, a eu plusieurs enfants dont il reste un fils issu du premier mariage : le vicomte du Couëdic de Kergoualer, et, du second mariage, trois fils et une fille, veuve en premières noces du comte Chighizola, et qui a épousé en secondes noces M. de Villeneuve, marquis de Trans.

polóone, née à Longwood le 26 janvier 1818, et décédée à Bruxelles en 1820.

XVI. — Charles-François-Frédéric, marquis et comte de Montholon, comte de Lee, né à Paris le 27 novembre 1814 (*fils de Charles-Tristan et d'Albine-Hélène de Vassal*), fut admis à l'Ecole militaire de Saint-Cyr en 1831 ou 1832, donna sa démission peu après; débuta dans la diplomatie en 1834, en qualité d'attaché à la légation de France à Athènes, et fut successivement : secrétaire de troisième classe à Washington; chargé d'affaires à Quito (Equateur), en 1850; à Lima (Pérou), en 1853; consul général à New-York, en 1853; envoyé extraordinaire et ministre plénipotentiaire au Mexique, près l'empereur Maximilien, le 12 août 1863; à Washington, le 28 février 1865; puis à Lisbonne. Il fut nommé sénateur de l'Empire le 11 avril 1870. Il était grand-officier de la Légion d'honneur, grand-croix des ordres de Notre-Dame de Guadalupe, du Christ et de l'Immaculée-Conception, etc. Il avait épousé à Washington, le 1er novembre 1837, Marie-*Victoria* Gratiot, née à Philadelphie le 17 février 1820, décédée à Rouen le 25 octobre 1878, fille de Charles Gratiot, général du génie, ancien ministre de la Guerre des Etats-Unis, et d'Anne Belin. M. et Mme de Montholon avaient eu quatre enfants, qui suivent :

1° *Albine*-Anne Yolande, née à Washington le 20 avril 1838, décédée aux Andelys (Eure) le 15 décembre 1875. Elle a laissé deux fils de son mariage contracté à New-York, le 11 mars 1862, avec Charles-Gabriel-*Roger* Arago, lieutenant de vaisseau, officier de la Légion d'honneur, puis conseiller référendaire à la Cour des comptes, décédé à Senlis en 1886, fils de Pierre-Jean-Victor Arago, officier supérieur d'artillerie, et de Charlotte-Claire Vorget de Voiselmont;

2° Yolande, née à Washington le 2 juin 1840, décédée à Wilmington (Amérique) le 29 juillet 1841;

3° Gratiot (1)-Adolphe-*Charles*-Tristan, qui suit;

4° Julie-Hélène, née à Richmond (Virginie) le 13 février 1844, a épousé, à Mexico, le 5 novembre 1864, Marie-Nicolas-*Edmond* Garcin, alors capitaine d'état-major, actuellement général de division, grand-officier de la Légion d'honneur.

XVII. — Gratiot-Adolphe-*Charles*-Tristan, marquis et comte de Montholon, comte de Lee, né à Wilmington (Amérique du Nord) le 5 août 1841; admis à l'Ecole militaire de Saint-Cyr en 1861, sous-lieutenant de cavalerie en 1863, fit campagne au Mexique aussitôt après sa sortie de l'Ecole; fut, en 1870-71, attaché comme capitaine de cavalerie à l'état-major de

(1) Il est d'usage, aux Etats-Unis, de donner au fils aîné, comme prénom, le nom de famille de sa mère. — Du C.

l'amiral Jaurès, commandant le 21e corps (armée de la Loire), et nommé chevalier de la Légion d'honneur. Il devint major de cavalerie, puis chef d'escadrons et fut admis à la retraite le 7 septembre 1887, pour cause de blessures reçues en service commandé. Il est mort à Paris le 12 juin 1892.

Il avait épousé à Paris, le 8 octobre 1873, Marie-Gabrielle-*Anne*, fille de Louis Marcotte de Quivières, ancien sous-préfet, ancien consul de France, et de Thérèse-Gabrielle d'Amblat, son épouse.

Enfants :

1° *Anne*-Marie, née le 18 octobre 1874, morte en bas âge;

2° Ignace-Louis-Charles-Marie-*François*, comte de Montholon-Sémonville, né à Saint-Germain-en-Laye le 1er février 1878;

3° Charlotte, morte en bas âge;

4° Alice, née en 1883.

XVIII. — *Jean*-Charles-Catherine-Marie, marquis de Montholon, comte de Lee, né à Morancez (Eure-et-Loir), le 25 novembre 1875; a épousé à Paris, le 6 juillet 1899, *Hélène*-Gabrielle-Paule, fille de Louis-Bernard, marquis d'Harcourt d'Olonde, et de Marguerite de Gontaut-Biron, dont une fille qui suit.

XIX. — *Marguerite*-Françoise de Montholon-Sémonville, née à Paris le 19 juin 1900.

DEUXIÈME RAMEAU

Issu de Mathieu (14e degré) (1) et d'Angélique-Aimée de Rostaing..

XV. — *Louis*-Désiré de Montholon, marquis de Sémonville (2), né à Paris le 16 octobre 1785, décédé à Versailles le 27 février 1863 (*deuxième fils de Mathieu et d'Angélique-Aimée de Rostaing* (3); d'abord chevalier de Malte de minorité. Il servit ensuite quelque temps comme officier de cavalerie et fut chambellan de l'impératrice Joséphine. Il devint, sous Louis XVIII, gentilhomme de la chambre du Roi, s'établit à Rome après la révolution de 1830, et fut substitué aux titres de prince d'Umbriano del Precetto et de comte de Saint-Michel attachés aux terres de ces noms, antérieurement possédés par le duc Benedetti. Il épousa en premières noces, le 8 juillet 1806, à Dugny, près Verdun (Meuse), Elisabeth-Marguerite de la Cour-Pavant, fille unique de Louis de la Cour, capitaine d'artillerie, et de Marguerite-Henriette de Pavant — dont postérité; — devenu veuf, il épousa en deuxièmes noces, à Versailles, le

---

(1) Voir page 227.

(2) Voir Louis-Désiré, page 229.

(3) Il avait été réglé, par pacte de famille ratifié par ordonnance royale, que le titre héréditaire de *marquis de Sémonville* serait dévolu à *Louis*-Désiré.

23 janvier 1836, Marie-*Théodule* (1), fille de Sévère Loz, vicomte de Beaucours, ancien lieutenant-colonel d'état-major, chevalier de Saint-Louis, et de Guilaine-Charlotte de Cunchy.

Il était né deux fils du premier mariage de Louis-Désiré avec Mlle de la Cour-Pavant, savoir :

1° Louis-François-*Alphonse*, qui suit;

2° Aimé-Louis-*François*-Octave, dit Francis, comte de Montholon-Sémonville, né à Paris le 21 avril 1809, admis à l'Ecole militaire de Saint-Cyr en 1826, sorti en 1828, premier de sa promotion; attaché comme officier d'ordonnance au général gouverneur des Indes françaises; mis hors cadres comme capitaine et chargé de diverses missions. Il est mort, le 16 mai 1845, à Beyrouth (Syrie), au retour d'un voyage d'exploration. Il a publié des relations de ses voyages en Orient.

XVI. — Louis-François-*Alphonse* de Montholon, marquis de Sémonville, prince d'Umbriano, comte de Saint-Michel (*fils aîné de Louis-Désiré et d'Elisabeth-Marguerite de la Cour-Pavant*), né à Paris le 6 mars 1808, fut successivement page des rois

---

(1) Mme de Montholon, restée veuve sans enfant, s'est remariée, à Rome, au comte Salvatore Cenci-Bolognetti, des princes de Vicovaro.

Louis XVIII et Charles X, sous-lieutenant, en 1826, à l'Ecole d'état-major, attaché à l'état-major du général en chef Bourmont en 1830 (campagne d'Alger), chevalier de la Légion d'honneur en 1831, capitaine d'état-major en 1833, démissionnaire en 1838. Il est mort le 11 octobre 1865. Il avait épousé à Paris, le 9 juin 1831, Marie-Jacqueline-*Sidonie*, née à Heilly (Somme) le 10 janvier 1810, morte à Quévillon (Seine-Inférieure) le 17 août 1891, fille d'Aimé-Jacques de Guignes, comte de Moreton-Chabrillan, et d'Alexandrine-Françoise-Eugénie-Zéphyrine-Olympe de Choiseul-Gouffier. Il a laissé un fils unique, qui suit.

XVII. — Aimé-*François*-Alphonse, marquis de Montholon-Sémonville, prince d'Umbriano del Precetto, comte de Saint-Michel, né à Paris en 1841, a épousé à Paris, le 7 octobre 1891, *Léonie*-Gabrielle-Euphrasie Hué, fille du baron Hué, ancien député, et d'Augusta Barbet, et veuve de Philibert de Guignes, comte de Moreton-Chabrillan.

APPENDICE IV

ÉTATS DE SERVICES DU GÉNÉRAL MONTHOLON

MINISTÈRE
DE LA GUERRE
—
Service intérieur
—
3e *bureau*
—
Archives administratives

RÉPUBLIQUE FRANÇAISE

PAR ORDRE DU MINISTRE DE LA GUERRE

LE CHEF DU SERVICE

Certifie *que, des Registres matricules et documents de la Guerre, a été extrait ce qui suit :*

NOM ET SIGNALEMENT du militaire	DÉTAIL DES SERVICES	DATES
MARQUIS DE MONTHOLON CHARLES-TRISTAN fils de MATHIEU et d'ANGÉLIQUE-AIMÉE DE ROSTAING né le 21 juillet 1783 à Paris.	Nommé adjoint du génie à l'armée d'Italie par le général en chef Championnet	7 octobre 1799
	Confirmé dans l'emploi d'adjoint de 2e classe	18 mars 1800
	Lieutenant aide de camp du général en chef Augereau	31 mai 1800
	Capitaine	3 novembre 1801
	Réformé avec traitement	22 décembre 1801
	En mission près le ministre des Affaires étrangères	2 avril 1802
	Aide de camp du général Klein	30 décembre 1802
	Aide de camp du général Macdonald	12 mai 1803
	En congé de six mois, pour servir pendant ce temps à l'état-major général de la Grande Armée	11 septembre 1805
	Employé définitivement à l'état-major général de la Grande Armée	17 septembre 1805
	Chef d'escadrons au 15e régiment de chasseurs	9 janvier 1807
	Aide de camp du prince de Neuchâtel	6 septembre 1807 (?)
	Adjudant-commandant	13 mai 1809
	Ministre plénipotentiaire près le grand-duc de Wurtzbourg	20 janvier 1812
	Disponible	10 décembre 1812
	Désigné pour remplir les fonctions de chef d'état-major de la 2e division du 3e corps de cavalerie	Avril 1813
	Pour être employé auprès de corps de troupes françaises en Hollande	4 décembre 1813
	Puis à la 2e division du 1er corps de la Grande Armée	20 décembre 1813
	(N'a pu rejoindre pour raison de santé.)	
	Commandant le département de la Loire	2 mars 1814
	Maréchal de camp	23 août 1814
	(Resté sans emploi.)	
	Passé à l'île de Sainte-Hélène avec l'empereur Napoléon	17 juillet 1815
	(A cessé d'être inscrit sur les contrôles de l'armée ledit jour.)	
	Rentré en France	18 octobre 1821
	et considéré comme en réforme sans traitement.	
	Réintégré dans les cadres de l'armée et compris dans le cadre de réserve de l'état-major général	22 mai 1831
	Placé dans la section de réserve dudit cadre	15 août 1839
	Admis comme disponible dans la 1re section du cadre de l'état-major général	26 septembre 1839
	Rayé des contrôles de l'état-major général par suite de l'arrêt de la Cour des Pairs	6 octobre 1840
	Relevé des effets de sa condamnation	10 juillet 1846
	Retraité pour ancienneté de service par décret	10 mai 1850
	Relevé de la retraite et placé dans la section de réserve	2 mars 1853
	Décédé à Paris	20 août 1853

Campagnes : 1799, Italie; — 1800 et 1801, Batavie; — Vendémiaire an XIV, 1805, 1806 et 1807, Grande Armée; — 1808, Espagne; — 1809, Allemagne; — 1814, France.
Décorations : Membre de la Légion d'honneur le 14 mars 1806; — Chevalier de Saint-Louis le 8 juillet 1814.
Titres : Comte de l'Empire.
Dotations : A obtenu, le 15 août 1809, une dotation de 4,000 francs sur les biens réservés en Hanovre.
NOTA. — Chambellan de l'Empereur en 1809.

Fait à Paris, le 16 juin 1896.
Signé : COTUM.

NOTA. — Le présent certificat tient lieu de duplicata de brevets, de lettres de service, de congé de libération, de congé de réforme.

OBSERVATIONS

Ce relevé des états de services est incomplet. Il ne mentionne que la nomination au grade de chevalier de la Légion d'honneur; il ne mentionne pas la présence de Montholon dans l'état-major du général en chef Joubert, parce qu'il n'y était qu'à titre de volontaire, sans grade ni engagement. Les services du général Montholon en 1815 ne sont pas inscrits sur ce tableau, mais ils sont relatés officiellement dans le *Relevé manuscrit des officiers généraux* qui se trouve aux *Archives de la Guerre* (voir Mazas : *Histoire de l'ordre de Saint-Louis*, tome III, page 102, en note). Il appert de ce relevé que le général Montholon prit part à la campagne de Waterloo en qualité d'aide de camp de Napoléon qui le nomma, le 15 juin 1815, veille de la bataille de Ligny, général de division, grade qui ne fut pas confirmé.

Du C.

TABLE DES MATIÈRES

TABLE DES GRAVURES

VERSAILLES. — IMP. AUBERT 6, AVENUE DE SCEAUX

www.ingramcontent.com/pod-product-compliance
Ingram Content Group UK Ltd.
Pitfield, Milton Keynes, MK11 3LW, UK
UKHW020132130726
13696UKWH00001B/328